101 jours

pour découvrir vos dons

Catherine
SOLARIS

101 jours
pour découvrir vos dons

Éditions de Mortagne

Catalogage avant publication de
Bibliothèque et Archives nationales du Québec et
Bibliothèque et Archives Canada

Solaris, Catherine, 1979-

101 jours pour découvrir vos dons
(101 jours)

ISBN 978-2-89074-966-5

1. Facultés psychiques. I. Titre. II. Titre: Cent un jours pour découvrir vos dons.

BF1032.S64 2010 133.8 C2010-941449-7

Édition
Les Éditions de Mortagne
C.P. 116
Boucherville (Québec) J4B 5E6

Distribution
Tél. : 450 641-2387
Télec. : 450 655-6092
Courriel : info@editionsdemortagne.com

Dépôt légal
Bibliothèque et Archives Canada
Bibliothèque et Archives nationales du Québec
Bibliothèque Nationale de France
4e trimestre 2010

ISBN 978-2-89074-966-5

1 2 3 4 5 – 10 – 14 13 12 11 10

Imprimé au Canada

Nous reconnaissons l'aide financière du gouvernement du Canada par l'entremise du Fonds du livre du Canada (FLC) et celle du gouvernement du Québec par l'entremise de la Société de développement des entreprises culturelles (SODEC) pour nos activités d'édition. Gouvernement du Québec – Programme de crédit d'impôt pour l'édition de livres – Gestion SODEC.

Membre de l'Association nationale des éditeurs de livres (ANEL)

ASSOCIATION NATIONALE DES ÉDITEURS DE LIVRES

Conseil des Arts du Canada
Canada Council for the Arts

J'aimerais remercier les trois muses qui m'ont accompagnée au cours de l'écriture de ce livre : Lyne Laboissière, Andrée Anne Lafleur et Diane Bissonnette.

Table des matières

Introduction

Il est toujours intéressant, même fascinant, d'ouvrir un livre ésotérique et de prendre le temps de le parcourir pour en découvrir les mystères.

Il est par contre moins passionnant de se rendre compte que ces mystères, trop occultes, ne peuvent être mis en pratique par tous.

Dans cet ouvrage, je tenterai de rendre la quête ésotérique encore plus merveilleuse et palpitante. Ce livre contient tout ce que vous devez savoir et mettre en application pour découvrir vos dons.

L'apprentissage proposé s'étend sur les cinq jours de la semaine. Les quatre premiers jours, vous ferez une courte lecture quotidienne, puis la cinquième journée servira à la mise en pratique. La fin de semaine permettra de bien assimiler les notions, de faire vos propres réflexions sur le sujet et de prendre un peu de repos avant de continuer. Ce *101 jours pour découvrir vos dons* vous permettra d'ouvrir en douceur les portes de votre esprit et d'utiliser immédiatement les compétences libérées. Ce livre vous propose donc la théorie utile pour découvrir vos dons, mais aussi les exercices pratiques nécessaires pour les mettre en action.

D'abord, il s'agit de vous procurer un cahier de notes. Pourquoi ? Parce que nous allons naviguer ensemble sur le fleuve de l'évolution pour finalement arriver à une mer de connaissance. Ce journal de bord vous permettra de bien suivre votre voyage. Je ne suis là que pour vous conseiller et vous guider, vous êtes le capitaine. Il vous faudra inscrire vos repères et noter les failles observées pour être en mesure de cheminer dans la bonne direction.

Ce journal peut autant être un petit cahier, d'une centaine de pages, qu'un grand classeur à anneaux avec des onglets qui vous permettra de trier les sujets. Ou encore, vous pouvez utiliser l'ordinateur.

Votre cahier n'a pas besoin d'être beau, mais simplement agréable à la vue, à votre vue. Il vous suivra tout au long de votre lecture et conservera précieusement les trésors que vous aurez découverts. J'y référerai tout au long de ce livre, prenez donc le temps d'en acquérir un avant d'aller plus loin.

Mais… vous hésitez peut-être en vous demandant : « Si j'ai lu tout le livre, mais sans faire les exercices pratiques, est-ce que cela dérange vraiment ? »

Je réalise beaucoup de projets en même temps, je dois donc souvent dresser des listes de tâches à faire et choisir mes priorités. J'ai rédigé une première liste, je l'ai lue, relue et ensuite oubliée. Je l'ai mise de côté et l'ai retrouvée quelques mois plus tard. À mon grand étonnement, j'avais accompli tout ce qui y était inscrit.

Depuis, j'utilise la même méthode et chaque fois je suis surprise. Tout ce qui était humainement possible d'être accompli a été fait, sans que je relise la liste en question pour m'assurer de ne rien oublier.

On peut donc dire que noter les dons que vous aimeriez avoir, ce que vous voulez en faire, votre cheminement, peut grandement vous aider. Vous élaborez une liste et votre cerveau en prend note. Mieux même, votre subconscient en est gravé et guide vos gestes en arrière-scène sans que vous vous en rendiez compte.

J'insiste donc encore : il est important et très utile de faire ces exercices pratiques. Mais encore, le moment doit être propice, laissez-vous donc du temps et lorsqu'il sera venu, faites-les. Au bout de cinq mois, ce qui est très court pour un cheminement ésotérique sérieux, vous aurez acquis une base solide sur laquelle construire toutes vos futures recherches. Vous pourrez donc, ensuite, revenir sur les textes et exercices qui vous ont le plus intéressé pour les affiner par vos recherches et les animer par votre quête ésotérique.

Les informations proposées s'adressent autant aux débutants qu'aux plus expérimentés. Les novices y trouveront une nouvelle route à explorer, tandis que les anciens pourront analyser une nouvelle vision et découvrir ainsi de nouveaux horizons sur des terres déjà familières.

Chacun possède des dons, qu'ils soient psychiques, divinatoires ou énergétiques. Chacun pourra découvrir ses talents cachés à la suite de la lecture de ce livre.

Je souhaite que ces 101 jours vous apportent plus de magie et vous conduisent à une meilleure connaissance de vous-même. Mais surtout, que ces dons vous guident sur la voie du bien, car ces pouvoirs servent à rendre la vie plus heureuse. En fait, ce livre n'est pas entre vos mains sans raison.

Bon apprentissage et bon cheminement !

Catherine Solaris

Première partie

Immersion

Semaine 1 : Les dons

Jour 1 : Les pouvoirs de l'esprit

Nous avons tous entendu parler d'une personne qui possède des capacités extraordinaires. Que ce soit une voyante ou une simple « tireuse de cartes », ou encore de gens qui peuvent communiquer par la pensée ou prendre contact avec les mondes subtils.

Nous nous sommes tous demandé si nous avions ce genre de capacités. Quand on voit un tel potentiel, on se dit qu'il serait agréable d'avoir les mêmes forces. Ces gens, qui nous semblent parfois extraordinaires, ont découvert leurs dons et ont appris à s'en servir. Souvent, il leur a fallu des années pour arriver à maîtriser ce qu'ils font si aisément aujourd'hui.

C'est ici qu'arrivent les notions que contient cet ouvrage. Par des méthodes très simples, accessibles, peu importe vos capacités et votre budget, vous pourrez réveiller les capacités latentes de votre cerveau, qui n'attendent qu'à être activées.

La première étape consistera à ouvrir les portes de votre esprit et à unir votre énergie à celle de l'univers. Sans faire appel à une croyance spécifique, ni à une invocation, vous vous éveillerez doucement à un monde nouveau.

Lorsque vos sens seront en éveil, nous répéterons des exercices simples en lien avec des dons en particulier. Par exemple, la voyance, les pouvoirs de guérison, la communication avec les entités. Vous pourrez ainsi découvrir quelles sont vos forces.

Puis, nous aborderons les aspects plus techniques, soit des conseils et suggestions qui vous aideront à utiliser vos dons.

Il vous restera à mettre tout cela en pratique. Certains verront peut-être leur vie changer, pour d'autres ce seront de petites révélations au quotidien, car chacun y trouve quelque chose de différent, que ce soit au niveau de l'apprentissage et du développement personnel, ou à celui des expériences ésotériques.

Bien sûr, toutes les notions sont abordées afin de faire de vous une personne plus épanouie et plus heureuse, et que vous puissiez partager cet état d'esprit avec votre entourage par la suite. Les dons sont un outil de plus, qui nous permet de changer et d'améliorer les choses.

Je vous guiderai afin que vous trouviez votre voie, et uniquement la vôtre, et que vous puissiez cheminer en parfaite harmonie avec vous-même. Cela vous permettra d'accomplir la facette spirituelle de votre vie.

Jour 2 : Dons ou facultés

Il existe plusieurs façons d'appréhender les dons. Plusieurs croient qu'un don est inné et qu'il nous a été « donné » à la naissance ou avant. Pour d'autres, ces dons serviront dans notre incarnation actuelle ou sont le résultat d'expériences antérieures. Enfin, certains préfèrent ne jamais utiliser le mot « don » et parleront plutôt de facultés, jugeant que ce sont des capacités qui peuvent être acquises.

Peu importe : certaines personnes découvriront leurs dons à un très jeune âge, tandis que chez d'autres, ces capacités se développeront au fil des années, selon les expériences vécues.

Autrefois, on parlait plus facilement des dons, car les déités étaient très présentes dans la vie de chacun et y jouaient un rôle très important. Une force supérieure se tenait derrière tout ce qui se produisait dans leur vie, et la divinité avait décidé de leur « donner » une partie de son pouvoir ; que l'on fasse référence à Dieu chez les chrétiens ou encore aux dieux grecs dans la Rome antique. Aussi, on transmettait de telles connaissances de bouche à oreille. Par exemple, un forgeron choisissait son apprenti et lui transmettait ses connaissances. Puis l'école a été inventée ; nul besoin d'être apprenti et de suivre un maître pour devenir forgeron. De la même manière, les dons ne se transmettent plus uniquement d'une personne à une autre. Il est maintenant possible de transmettre ses connaissances à plusieurs personnes à la fois. Et cela, sans perdre l'aspect mystique de ces enseignements.

En fait, « transmettre un don » n'est pas vraiment une transmission. La personne qui possède cette faculté, qui l'a développée naturellement, est aussi en mesure de l'ouvrir chez une autre personne. Par exemple, pensez à une personne qui connaît le chemin pour se rendre à une destination. Cette personne vous guide directement au bon endroit, sans confusion ou possibilité de vous égarer. Ainsi, ces gens qui ouvraient les dons d'un seul descendant, croyant qu'ils le perdaient ensuite, avaient simplement ouvert la porte de l'esprit de l'autre pour mieux se préparer à refermer la leur.

Même une personne qui n'a vécu aucune expérience ésotérique, qui ne ressent absolument rien, qui croit peu aux pouvoirs de l'esprit, peut réussir à ouvrir ses dons si elle le désire vraiment. Il n'y a pas d'élu, pas de personne à la destinée grandiose. Pas besoin d'avoir un grand maître pour nous éveiller à nous-mêmes. Il n'y a que des gens qui ont cru trop longtemps que leur pouvoir était à l'extérieur d'eux.

Cette fois, nous ne confions plus nos ressources à des croyances et à des entités autour de nous, cette fois, nous tentons d'éveiller ce qui est endormi depuis si longtemps et que chacun de nous possède, différemment.

Même si cela peut prendre du temps, à cause des blocages psychologiques, des craintes, des obstacles physiques ou spirituels, tous peuvent développer leurs dons, ces trésors enfouis, ces « cadeaux » qui ne demandent qu'à être déballés.

Jour 3 : Évolution naturelle

Autrefois, pensons par exemple aux hommes des cavernes, qui n'avaient même pas encore découvert le feu. Ils utilisaient leur force physique, devaient aller à la chasse tous les jours et leurs abris étaient tout ce qu'il y a de plus simples.

Puis les gens ont développé l'agriculture, donc une façon plus intelligente d'utiliser leur force physique. Les façons de faire ont évolué, tout comme les gens. Les langues ont elles aussi grandement aidé et les peuples ont progressé.

Ensuite, des domaines plus complexes, comme les mathématiques, la médecine et les sciences en général, ont permis à l'humain de développer un autre niveau, auparavant sous-utilisé, et de cultiver ses capacités mentales et son intelligence.

De nos jours, la science ne sert pas qu'à nous guérir et à nous nourrir. Elle nous permet de nous divertir. Pensez à l'informatique, aux jeux vidéo et au cinéma. Bien sûr, il reste encore du chemin à faire, mais en matière de développement des capacités humaines, nous avons atteint un niveau respectable.

Il est maintenant temps de passer à un autre stade : celui qui touche à des choses qui nous semblent plus grandes que nous. Tout comme la science pouvait sembler incompréhensible et si étrange, nous devons faire grandir notre niveau spirituel pour devenir meilleur et libérer des capacités encore méconnues.

Tous, nous avançons sur ce chemin tracé qui, bien sûr, n'est pas simple pour tous. Certains pays sont encore à des niveaux plus primitifs. En évoluant spirituellement, et pas uniquement aux niveaux physique et mental, nous pourrons ensuite leur donner un coup de main. Il n'y a de limites que pour l'intellect, pas pour le spirituel.

Il importe de comprendre que développer ses dons fait partie d'un processus normal et naturel. L'évolution de l'humanité en est arrivée à ce stade. Peut-être ouvrirez-vous vos dons dès les premières pages de ce livre, ou vous faudra-t-il des années. Cela importe peu, car chaque pas compte.

J'ai cru bon de proposer cette courte introduction, afin que les gens qui ont des dons ne vous apparaissent plus comme étant exceptionnels, mais plutôt comme faisant partie de la norme. Vos limites sont en vous et non à l'extérieur de vous.

Jour 4 : Quels sont vos dons ?

Des visions, des sensations, des impressions, des intuitions et des coïncidences. Les dons ne se manifestent pas toujours de façon très claire au début. Vous avez probablement vécu des événements qui reflètent un don en pleine éclosion.

Certains auront peut-être déjà eu de fortes intuitions concernant des choix de vie, par exemple un tourbillon au creux du ventre ou au niveau du cœur impossible à faire taire. Des intuitions qui ressemblaient parfois à une voix ou à une vive sensation qui les guidait vers la solution, ou qui, au contraire, les ont détournés d'une très mauvaise route.

D'autres ont probablement ressenti les émotions intenses, mais cachées, d'un ami très proche. En avouant ses sentiments, parfois la personne avouera ce qu'elle vit vraiment. De même, certains ont probablement partagé des intentions ou des pensées avec un ami proche. Alors que vous vouliez téléphoner à une amie, elle vous appelle au moment où vous vous apprêtiez à soulever le combiné.

Certains auront remarqué qu'ils sont une présence rassurante pour les gens en détresse. Ils se font souvent dire que leur calme est sécurisant, qu'il redonne confiance, même si eux-mêmes ne le ressentent pas réellement. Certains autres auront simplement noté posséder un certain charisme.

D'autres ont peut-être découvert que leurs massages étaient extrêmement efficaces. Leurs mains deviennent chaudes, comme énergisées et elles transmettent un état de bien-être total à la personne qui reçoit les soins. Les gens ressentent souvent le besoin de les toucher, comme si le contact leur donnait un bien-être quelconque.

Sans doute que certains ont déjà eu des rêves prémonitoires. Des rêves qui contenaient des images représentant littéralement l'avenir, ou encore qui l'annonçaient sous une forme plus symbolique. D'autres auront peut-être eu des « flashes », de très courtes visions qui leur permettaient de prédire des événements ou de connaître la conclusion d'une situation.

Peut-être que certains peuvent tout simplement sentir si une personne est positive ou non dès la première rencontre. Ce qui n'est pas seulement une question de « première impression ». D'autres sont capables de lire dans les yeux des gens, afin de savoir ce qu'ils cachent de bon ou de mauvais.

Sinon, plusieurs se sont probablement amusés avec des chandelles ou encore avec le Ouija. Que vous ayez obtenu de bons résultats ou non, cela vous donne tout de même de l'expérience au niveau ésotérique. Ce qui signifie aussi un premier pas vers l'ouverture de vos dons.

C'est d'ailleurs par la pratique, donc en faisant des gestes concrets, que l'on obtient des résultats. S'intéresser à une notion ésotérique est un premier pas, nous ferons ensemble les suivants.

Jour 5 : Votre vie ésotérique passée

Ce premier exercice sera simple. Je vous invite d'abord à écrire dans votre journal de bord un résumé de toutes les expériences ésotériques que vous avez pu vivre, même s'il ne s'agit que d'un événement banal qui vous semble n'être qu'une coïncidence. Certains écriront des histoires à propos d'esprits, d'autres sur des rêves prémonitoires. Même si vous n'avez que des anecdotes de « hasards nécessaires » comme de rencontrer la bonne personne au bon moment, notez cette expérience.

Vous croyez n'avoir rien vécu d'étrange ? Je vous invite, comme deuxième exercice, à noter tous les dons dont vous avez entendu parler à la télévision ou dans divers reportages. Notez ce que vous savez déjà sur ces capacités. Puis, faites la liste des dons que vous aimeriez posséder et de vos motivations à cette fin.

Évitez de noter que vous désirez avoir ces dons pour aider les gens. Nous le voulons tous. Il s'agit d'abord de s'aider soi-même, ensuite, vous pourrez mieux aider les autres.

Puis, notez comment ces dons vous permettront d'évoluer, ce que cela ajoutera à votre vie et comment. Sans vous attarder aux détails, notez ce que ces nouvelles capacités vous apporteront dans votre cheminement.

Ces capacités endormies sont là depuis toujours. En notant vos intérêts, vous leur indiquez que vous êtes prêt à les accepter. Nous reviendrons sur ce premier exercice à la toute fin du processus. Vous établirez alors probablement des liens entre ce que vous aurez noté ici et les dons que vous avez découverts.

Semaine 2 : Faire disparaître les blocages psychologiques

Jour 6 : Vos croyances

Cette semaine, nous préparerons notre esprit aux exercices pratiques. Nous commencerons par l'obstacle le plus courant et le plus difficile : les blocages psychologiques. Peu importe votre religion, vous avez sûrement des croyances négatives concernant les pouvoirs occultes, la magie et donc les dons.

D'ailleurs, la plupart du temps, les gens associent magie à magie noire. Pourtant, la magie n'est ni noire ni blanche. Elle combine les énergies environnantes à des techniques psychiques. Elle n'est pas mauvaise en soi, c'est ce qu'on en fait qui est bien ou mal.

C'est la même chose pour les dons. La religion catholique enseigne que les sciences occultes sont mauvaises, pourtant, dans la Bible, Jésus utilise ses pouvoirs de guérison. Les dons sont des capacités, ce qu'elles deviendront dépend de vous.

Prenons un exemple simple : le couteau. Un cuisinier se servira d'un couteau pour préparer des plats exquis conduisant ses invités au septième ciel. Le même couteau, dans les mains d'une personne mentalement troublée, servira à blesser ou à tuer des gens. Pourtant, l'instrument reste le même.

Il faut donc commencer par découvrir ces croyances négatives, les noter et les analyser. Pour détruire une croyance négative, il faut d'abord l'identifier et en trouver la source. On peut ensuite analyser pourquoi elle n'est pas crédible ou de quelle façon elle bloque nos démarches. Les superstitions sont les plus faciles à détruire, car souvent elles sont illogiques. Il est facile de trouver une croyance contraire ou encore de voir qu'elles ne peuvent avoir un impact réel sur notre vie. Les techniques proposées ici sont totalement détachées de toutes croyances, mais si les vôtres sont fortement ancrées, elles pourraient tout de même influencer vos résultats.

D'autres croyances peuvent nuire. Par exemple qu'il ne faut pas pratiquer des techniques ésotériques lors de la lune noire. Ou encore que tenter d'établir des contacts avec l'au-delà est nocif, car cela attire toujours les mauvais esprits. D'autres pensent que pour guérir une personne, il faut donner notre énergie et même parfois s'en vider.

Tout cela n'est qu'une mauvaise utilisation des dons. Et on le sait bien, ces histoires les plus troublantes attirent l'attention, on entend parler d'elles le plus souvent. En fait, les choses ne se passent pas ainsi. Encore une fois, il suffit simplement de savoir ce que l'on fait et de bien faire les choses.

Prenez le temps de rationaliser vos croyances pour vous en détacher. Puis, voyez l'impact négatif qu'elles ont sur votre pratique et ayez la ferme intention de faire cesser cette influence. Voilà la première étape pour les retirer de votre esprit. Prenez le temps d'évaluer ces pensées afin de vous en détacher. Commencez la recherche dès maintenant. D'ici quelques jours, certaines d'entre elles devraient refaire surface et vous pourrez les corriger avant le début des exercices.

Jour 7 : Votre état d'esprit

Après la lecture de la page du jour 6, je crois que vous avez bien compris que notre état d'esprit influe beaucoup sur nos capacités, et surtout, sur les résultats. Si votre esprit est sombre, vos dons seront obscurcis. Les visions ne seront plus aussi claires, elles seront embrumées ou trop floues pour être décodées.

Si vous doutez de votre réussite, ce que vous tenterez ne fonctionnera pas. Ou du moins, cela fonctionnera à moitié et en général les essais échoueront. Au contraire, si vous voulez trop voir des phénomènes paranormaux, que vous vous y accrochez et que vous tentez de provoquer des événements, rien ne se produira. On ne peut pas forcer les choses. À trop pousser, on peut produire un véritable blocage.

Votre état d'esprit sera le premier atout dans la découverte et l'utilisation de vos dons. Assurez-vous de faire les exercices au bon moment ; après une journée calme ou amusante, dans un endroit qui vous inspire le bien-être et la confiance. Le lieu importe peu : il s'agit de vous sentir bien et que votre esprit soit libre de parasites négatifs.

Concentrez-vous sur le positif, canalisez toutes vos énergies et vos pensées vers ce qui est agréable. Gardez l'esprit ouvert, observez sans juger. Laissez votre esprit vagabonder librement sans sentir le besoin de donner un avis sur tout ; devenez un observateur de la vie.

Puis, apprenez à lâcher prise. La plupart des dons fonctionnent ainsi : d'abord une concentration totale sur le but à atteindre, et ensuite un véritable lâcher prise. Si une situation reste ancrée dans votre esprit, entraînez-vous au lâcher prise. Utilisez toutes les occasions pour vous entraîner à garder un esprit positif et léger.

Allez-y à votre rythme. Suivez votre courant et non celui des autres. Certains liront cet ouvrage plus rapidement et d'autres mettront plus de temps pour faire les exercices, et c'est très bien ainsi. Plus on prend du temps, à sa manière, plus on s'écoute, plus on s'éveille en douceur et plus nos dons le font eux aussi.

N'ayez pas de trop grandes attentes. Ne mettez pas la barre trop haute. Fixez-vous des buts simples et accessibles. Chaque fois que vous réussirez quelque chose ou percevrez une évolution, cela vous encouragera. Et chaque encouragement augmentera la force de votre esprit et par la même occasion votre état d'esprit. Tentez de libérer votre esprit au maximum pour augmenter vos chances de réussite.

Jour 8 : Vous êtes capable

Être dans un bon état d'esprit et libérer son esprit seront d'excellents moyens pour réussir. Par contre, un blocage pourrait faire obstacle. Ainsi, on a sans doute dit à certains d'entre vous qu'il faut être initié par un maître pour développer ses dons. D'autres pensent que les dons sont innés et ne peuvent être acquis.

Ces deux fausses croyances peuvent être mises de côté, mais elles dissimulent une autre pensée qui pourrait s'incruster dans votre esprit. À votre insu, elles disent qu'il vous sera difficile de développer vos dons, que c'est une tâche ardue et que peu y parviennent. Faux. En fait, il est possible de mettre plusieurs semaines à éveiller un seul don, ce qui n'est pas un signe d'échec.

Il n'y a pas si longtemps, j'avais perdu contact avec mon don de voyance et j'avais envie de le retrouver. J'ai tenté la méthode la plus simple et la plus accessible, celle de l'eau (que nous verrons plus loin). Cet élément est en lien direct avec les émotions (qui est une source pure de puissance énergétique) et avec les intuitions, qui servent très bien en voyance.

Cette méthode devait donc m'aider à voir à nouveau. Ce qui ne s'est pas produit. J'ai tout d'abord perçu quelque chose de flou dans l'eau, comme si des éléments de ma vie étaient entremêlés. Ensuite, j'ai vu des facettes de moi-même à la surface de l'eau, des émotions intenses qui étaient refoulées et qui tentaient de sortir.

Au lieu de reprendre contact avec ma voyance, j'ai repris contact avec moi. J'avais besoin de me voir, avant de voir quoi que ce soit d'autre. Au lieu de voir des images sur les gens que je croisais, je pouvais percevoir leur état, leurs émotions, tout ce qu'ils dégageaient. Le tout était entremêlé avec les énergies environnantes. C'était un peu comme si j'avais réussi à me lier avec tous, à recréer mon lien avec le reste de l'univers.

Mon don n'était pas si loin finalement. Ce qu'il faut retenir de cette expérience : ce n'est pas la destination qui importe, c'est plutôt la route empruntée. Les sensations vécues et toutes les découvertes qui ont suivi sont mille fois plus enrichissantes que mon simple don de voyance.

Vos dons ne sont pas difficiles à développer parce que vous n'y arrivez pas. Faites les exercices, savourez le moment présent et restez ouvert à tout ce qui arrivera ensuite. Écoutez les gens, restez éveillé au monde qui bouge autour de vous et réapprenez à écouter vos émotions.

C'est aussi un « don du ciel ». Savourez la route, le but final n'est que de courte durée, le chemin peut être comparé à notre parcours de vie, il représente tout l'enrichissement que nous pouvons acquérir.

Jour 9 : Nous avons tous des dons

Nous possédons tous la capacité de pouvoir faire plus, de pouvoir faire « des miracles ». Si vous y croyez, si vous laissez cette pensée prendre place dans votre esprit, elle pourra probablement repousser tous les obstacles encore présents.

Croyez-y : vous possédez le pouvoir de faire plus, de changer les choses et d'améliorer votre vie. Vous avez des dons ! Cela est évident ! Il ne suffit que de les faire revenir.

Comment peut-on faire pour développer une capacité de télépathie ? Comment les pensées peuvent-elles voyager comme ça d'une personne à l'autre ? Si ces questions vous taraudent, dites-vous que nous n'avons pas besoin de savoir comment un processus fonctionne pour l'exécuter.

Pour faire lever le bras, un signal est créé dans le cerveau, puis transmis au bras en question, qui, lui, réagit ensuite à l'ordre qui lui a été transmis. Avez-vous eu besoin qu'on vous explique tout cela pour pouvoir bouger vos bras ? Certainement pas ! Bien sûr, on nous a encouragés à faire bouger les membres de notre corps. Nous avons vu nos parents prendre des objets.

On dit parfois que les enfants ont des amis imaginaires. En psychologie, on explique que l'enfant peut avoir besoin d'attention ou encore de communiquer avec une personne de son âge. Par contre, que dire de cet ami imaginaire qui n'existe plus après un déménagement dans une nouvelle demeure ? Ou encore, que dire de ce même ami qui donne des informations à l'enfant sur des sujets dont il ne connaissait absolument rien ? Les jeunes entendent parfois aussi les pensées de leurs amis d'école, mais ils en parlent rarement plus d'une fois… par peur d'être jugés ou ridiculisés. Personne n'a encouragé ces comportements tout à fait normaux qui tentaient d'émerger.

Dans une société parfaite, chacun devrait pouvoir développer ses dons. Seuls ceux qui voudraient les intensifier devraient travailler à accroître leurs connaissances et leurs capacités. Nous avons tous appris à marcher sans leçons particulières, mais nous devons prendre des leçons de ski pour maîtriser les notions techniques. Il devrait en être ainsi des dons.

Revenez à cet état d'innocence de l'enfance, revenez à ces croyances envers un monde irréel qui étaient dans votre esprit. Redonnez sa place à l'ésotérisme. En faisant un grand ménage dans votre esprit et en laissant place au positif et à votre pouvoir de croire, votre esprit sera ouvert, réceptif et prêt à aller plus loin. Prenez le temps de faire ce ménage. Allez-y étape par étape et vous obtiendrez les meilleurs résultats.

Jour 10 : Défaire les blocages

L'exercice de cette semaine sera peut-être long et laborieux, mais il doit être fait. Il peut aussi s'étaler sur plusieurs semaines. Je vous invite à inscrire dans votre journal de bord les croyances et tous les blocages que vous croyez avoir. Puis, reliez-les à leur source. Par exemple, je ressens un blocage au niveau de la voyance, parce que j'ai peur de voir des choses négatives. N'hésitez pas à reprendre le journal pour y écrire des idées ou des impressions qui se présenteront plus tard.

Comment pouvez-vous faire disparaître cette croyance ? Par exemple, en faisant une recherche dans Internet à propos de cette superstition. On dit que les chats noirs portent malheur. En fait, on croyait au Moyen Âge que des sorcières se transformaient en animaux afin de se rendre à des sabbats sataniques. Ces pauvres petits chats n'ont rien à voir avec une quelconque malédiction, il s'agit de vieilles croyances qui n'ont plus lieu d'être. Avant d'accorder une importance quelconque aux propos des gens, faites également des recherches.

Quant aux peurs, si vous agissez correctement et avez de bonnes pensées, vous ne courez aucun risque. Je vous donne, de toute façon, les meilleures méthodes et, croyez-en mon expérience, j'aurais bien aimé avoir tous ces bons conseils dès le départ ! Échangez sans crainte vos peurs contre une émotion de confiance.

Insistez sur tout ce qui peut vous libérer de ces blocages. Laissez les questions mijoter dans votre tête toute la fin de semaine s'il le faut. Certaines limitations sont ancrées très profondément en nous et ne peuvent être retirées que grâce à un professionnel de la santé mentale.

Dans ce cas, reportez toujours votre attention sur les points positifs. Un blocage a toujours en contrepartie une liberté, chaque élément possède son contraire. Tout comme la nuit est la contrepartie du jour et le chaud du froid. Il suffit de savoir de quel côté vous désirez être et le reste se fera de lui-même. Soyez simplement ferme dans vos convictions et surtout : croyez.

Semaine 3 : Ouvrir son esprit

Jour 11 : Se découvrir

S'apprêter à ouvrir nos dons nous prépare non seulement à ouvrir notre esprit, mais aussi à nous ouvrir au reste de l'univers. Nous apprenons à nous ouvrir d'abord à nous-mêmes. Depuis l'enfance, nous avons appris à nous connaître, à travers les années et les expériences de vie. Mais malgré tout, il reste beaucoup de choses inconnues.

D'ailleurs, plusieurs n'ont pas eu la chance de prendre le temps de se découvrir, des modes de vie ou des façons de penser représentant des embûches. Ainsi, parfois on doute, on hésite, on change d'idée ou on se laisse influencer au lieu de se faire confiance. Certains sont probablement sûrs d'eux-mêmes et savent ce qu'ils veulent, mais il y a toujours des domaines où on se connaît moins et cela peut nous faire hésiter.

La psychologie est très intimement liée à nos pouvoirs psychiques. Lorsque vous ouvrirez vos dons, vous ouvrirez aussi une porte qui vous permettra de mieux vous connaître à tous les niveaux. Avant d'aller plus loin, il faut donc vouloir en savoir plus sur soi, se regarder à nouveau et porter un regard positif sur soi. Oui, des aspects négatifs peuvent ressortir, mais ces derniers n'ont pas l'importance qu'on leur accorde.

Par exemple, vous pourriez vous rendre compte qu'une méditation vous a donné des indications sur des aspects de votre vie, soit en apportant une solution, soit en présentant la situation telle qu'elle est, sans déformation.

Parfois, ces expériences seront très symboliques, on aura l'impression d'être allé dans un autre monde, dans l'astral, d'avoir rencontré un obstacle, puis on ressent une libération soudaine. Et lorsqu'on revient à la normale, on se sent soudain libéré d'un fardeau immense. Sommes-nous vraiment allés dans cet autre monde ? Avons-nous vraiment combattu la créature qui obstruait le chemin ? Peut-être… Probablement.

Peu importe, l'important sera que vous vous soyez rencontré à nouveau et regardé d'un tout nouveau point de vue. Si vous avez beaucoup de problèmes, que vos idées sont entremêlées, vos essais seront sans doute plus flous, plus troubles. Tout comme votre état mental.

Il suffit d'avancer avec un regard objectif. Si vous faites des miracles rapidement, restez humble. Il est possible qu'une partie de votre égocentrisme tente de s'échapper. Laissez-le passer simplement. Ces portes que votre esprit ouvre servent aussi à libérer l'inutile, autant que ce qui devait être dévoilé. Ne vous étonnez donc pas que votre cheminement soit aussi mental.

Jour 12 : Vouloir changer

Les dons ouvrent aussi les portes de l'esprit, du cœur et de l'âme à des choses plus grandes que nous. Ils nous poussent systématiquement vers l'évolution, que nous le souhaitions ou non. Ils ne savent que faire mieux et toujours mieux encore.

Vous devez donc être prêt à changer et à avancer. Cela ne veut pas dire que tout ira très vite et que vous serez propulsé dans une course effrénée. Non. Vous aurez tout simplement de plus en plus envie de changer. La vitesse des changements varie d'une personne à l'autre. Certains sont plus rationnels et pourront cheminer simplement en comprenant certains concepts, donc simplement en réfléchissant. D'autres évoluent mieux dans l'action. Ils auront donc besoin d'événements pour comprendre les choses. Ce qui impliquera parfois de rencontrer de nouvelles personnes et même de voyager pour voir d'autres horizons.

Certains pourront faire un premier pas dès les premiers jours où leurs dons auront commencé à éclore. D'autres prendront des années. On dit souvent que cheminer en ésotérisme prend des dizaines d'années, ce qui est vrai. Certains concepts et théories sont très difficiles à assimiler. Notamment lorsqu'ils sont en contradiction avec les enseignements reçus ou que l'esprit humain semble vouloir le refuser. Une difficulté provenant de l'égo ? Probablement, mais cela ne veut pas nécessairement dire qu'elle ne peut pas être écartée.

Avec l'esprit et le cœur ouverts, vous aurez parfois une révélation soudaine. Là, au bord de l'eau, en regardant les oiseaux s'y baigner. Par un bel après-midi où il ne se passe rien de spécial. Ou tout à coup, en écoutant une chanson qui nous plaît bien. Quelque chose arrive subitement pour cogner à la porte entrouverte. Cela nous salue et repart.

Si vous apprenez à rester ouvert à ces signes soudains, votre progression sera beaucoup plus fluide et rapide. Lorsque vous l'aurez décidé fermement et avec conviction, les changements se feront, sans avoir à les provoquer.

Décider d'évoluer implique d'entrer dans le cycle naturel de la vie et de suivre le courant, au lieu de lutter contre lui. On se retrouve ainsi en première place aux commandes de sa vie et on cesse de lutter inutilement contre les choses qui ne peuvent être changées.

Décider d'évoluer, c'est aussi de comprendre que chaque chose a un but et une raison, que les coïncidences n'existent pas, que tout devait être ainsi car vous avez décidé d'ouvrir les portes qui nous révèlent que tout est possible. Et que dans ce possible, il y a vous.

Jour 13 : Cœur d'enfant

Parfois, il n'est pas très simple de s'ouvrir au monde sans crainte, sans doute, d'ouvrir son cœur sans peur des blessures. Il existe par contre des atouts qui nous arment et nous défendent contre ces possibles attaques.

Le meilleur atout reste d'abord de conserver un cœur d'enfant et de retrouver son esprit aventurier. L'enfant s'émerveille devant tout ce qui est devant lui, il s'amuse avec la moindre chose. Adulte, nous nous étonnons parfois de voir à quel point l'enfant s'amuse avec un simple verre en plastique, plutôt qu'avec la montagne de jouets qu'on vient de lui offrir pour Noël.

Les yeux de l'enfant voient sans jugement et sans critique. Ils observent et se délectent de ce qu'ils voient. Et lorsque l'enfant voit quelque chose de mauvais, de désagréable, il réagit. Car il est sensible à tout ce qui l'entoure, il ne se ferme pas de peur de ressentir quelque chose. Il reçoit tous les signaux présents.

L'enfant est aventureux, il ne craint pas d'essayer quelque chose de nouveau, ni de prendre des risques. Ce sont souvent les adultes qui lui inculquent cette peur en lui répétant : « N'aie pas peur. » L'enfant est curieux, il se pose des questions sur tout, il veut tout savoir et tout connaître.

Il vit.

Avez-vous gardé votre cœur d'enfant ? Malgré les épreuves de la vie, sentez-vous qu'il est encore là, quelque part ? Bien caché, mais pas si loin ?

L'autre atout, c'est aussi de posséder les connaissances d'un adulte. Nous sommes plus prévenants, capables de nous défendre, nous avons beaucoup plus de connaissances. Il est donc temps, c'est même le moment parfait, de faire sortir notre cœur d'enfant. Cette fois, il peut s'aventurer sans avoir peur de tomber, et si son pied touche le bord de la falaise, l'adulte sera là pour l'arrêter. Vous possédez cette force qui vient protéger cette innocence pure.

Avant de commencer à faire les exercices, il faut s'ouvrir, au moins au minimum à ce cœur d'enfant aventurier. Vous ferez les exercices sans vous trouver ridicule, sans vous demander pourquoi vous êtes planté là à tenter de ressentir quelque chose.

Vous serez simplement dans le moment présent, à faire quelque chose que vous avez choisi de faire. Et peu importe les résultats, vous aurez apprécié le moment et vous aurez indéniablement retiré quelque chose de cette expérience. En vieillissant, les gens se plaisent à dire qu'ils ont gardé leur cœur d'enfant. Nous l'avons tous. Ce cœur est celui de l'innocence et nous pouvons le retrouver, si nous le souhaitons.

Jour 14 : Être prêt

Si vous êtes prêt à vous redécouvrir, sous de nouveaux angles, à changer des facettes de votre personnalité pour le mieux et à vous apprivoiser.

Si vous êtes prêt à évoluer, à changer et modifier votre vie pour le mieux, à avancer sur la meilleure des voies et à aider les autres à trouver la leur.

Si vous êtes prêt à ouvrir votre cœur et à retrouver votre innocence, à porter un regard neuf sur le monde et à ne plus le juger, mais plutôt à lui offrir une main secourable.

Alors, vous êtes probablement prêt à ouvrir vos dons.

Il est aussi possible que ce ne soit pas le cas. Même si vous ne sentez pas que c'est le bon moment, continuez la lecture. Ne replacez pas cet ouvrage dans la bibliothèque en attendant que le bon moment se présente.

En lisant ce livre, même en ne faisant pas les exercices, votre subconscient, lui, pourra tout de même cueillir les informations utiles. Il ne fera rien sans votre consentement, mais il attendra impatiemment le jour J, où il pourra enfin réagir à toutes ces informations. Ce sera donc un pas de plus.

Il est possible que vous pensiez être prêt, sans l'être réellement. Comment le savoir ? Posez-vous la question et écoutez attentivement la réponse. Par contre, si vous n'êtes pas certain, vous pouvez avancer quand même. Votre progression se fera naturellement, vous évoluerez dans certains domaines et vous bloquerez tout simplement dans ceux qui exigent plus de temps. Les choses se feront à leur rythme.

Lorsque vous vous sentirez totalement prêt, relisez ce livre et retentez de faire les exercices. Vous trouverez sans doute que les notions ont plus de sens et vos résultats seront probablement différents.

Si vous vous sentez en totale confiance, que vous avez déjà passé les étapes psychologiques dont nous avons parlé dans les jours précédents, vous avancerez tout naturellement à travers la lecture. Si vous croyez qu'il vous faudrait plus de temps pour assimiler les notions, considérez cette semaine comme un mois et non comme une semaine. Cela vous donnera amplement le temps de lire, de comprendre, de faire des liens, de vivre des événements et d'en tirer vos conclusions.

Cheminez à votre rythme, chacun n'est pas prêt au même instant ni de la même façon. Le sentiment « d'être prêt » s'apparente souvent à une grande confiance, mais il sera tout de même vécu différemment d'une personne à l'autre. Vous serez seul à savoir qu'il est temps de faire un premier pas. Alors, prenez le temps et, dès la semaine prochaine, nous entamerons les techniques requises pour une ouverture de don efficace et en douceur.

Jour 15 : Portrait

Pour cet exercice, je vous propose de faire un compte rendu. Je vous invite à noter dans votre journal de bord tout ce que vous aimez de vous. Toutes les choses qui vous concernent et que vous appréciez. Ce sont vos facettes positives qui nous intéressent.

Ensuite, notez ce que vous aimeriez changer. Non pas une liste de vos défauts, mais plutôt une liste comme : « Je voudrais mieux m'exprimer. » Notez les améliorations que vous voulez voir entrer dans votre vie.

Puis, inscrivez aussi vos passions, les choses que vous avez toujours adorées, que ce soit des activités, des endroits ou même des gens. Notez tous ces événements que vous pourriez faire entrer dans votre « livre du bonheur » si vous aviez commencé à en écrire un. Il faut dresser une liste de tous vos « cris du cœur ».

Ensuite, notez si vous croyez être prêt à ouvrir vos dons, pourquoi et comment, selon les notions que nous avons vues. Êtes-vous prêt à changer ? À l'intérieur de certaines limites seulement ? D'accord, alors notez ces limites. Et pourquoi vous imposez-vous ces limites ?

Vous avez le droit de cheminer à votre rythme, alors notez ce qui vient comme cela vient. Ces notes vous appartiennent et vous êtes seul à les lire, laissez-vous aller.

Semaine 4 : Nettoyage

Jour 16 : Psychologique

Cette semaine, les étapes seront plus actives. Nous passons des réflexions aux actes. D'abord, il importe de préparer le terrain et de faire un grand ménage, à plusieurs niveaux.

Dans un monde parfait, nous pourrions attendre de pouvoir être totalement purs avant d'ouvrir nos dons, mais dans le monde réel, il est plutôt utopique de croire que chacun pourrait atteindre cet état. Nous avons tous vécu des choses psychologiquement difficiles. Certaines nous ont marqués plus que d'autres. Sans doute que nous vivons encore d'après des schémas de défense qui nous ont été inculqués par ces expériences.

Certaines choses doivent être réglées avant de passer à un niveau supérieur. Si des pensées vous hantent parfois, si une personne de votre proche entourage est négative, si vous ressentez des influences, alors patientez. Tentez de faire le ménage en vous et autour de vous avant.

On peut essayer de soigner, ou même d'apaiser ces tensions, en tentant de pardonner, en recourant des méthodes de libération multiples, ou en lâchant prise, tout simplement. Il n'est pas nécessaire d'avoir un esprit pur pour s'entraîner, mais lorsque vous ouvrirez vos dons, puisqu'ils sont intimement liés à votre état mental, il est possible que vous soyez encore plus confus. Si, par contre, vous êtes un peu troublé, mais tout de même très positif, vos dons pourraient vous éveiller à des choses plus grandes et ainsi vous faire progresser. Il faut donc voir comment vous vous sentez face à tout ça aussi. Pesez le pour et le contre.

D'ailleurs, chacun ayant vécu des expériences différentes, faites les exercices selon ce que vous ressentez et votre vécu. Nous ferons des exercices d'éveil avec les quatre éléments, c'est-à-dire Terre, Eau, Air et Feu. Si vous avez peur de l'eau, vous aurez probablement beaucoup de difficulté à faire les exercices qui utilisent cet élément. Lisez simplement le texte sans faire l'exercice si ce dernier vous déplaît ou qu'il vous rend mal à l'aise.

Si, après une journée plutôt difficile, vous ne vous sentez pas totalement positif, relaxez et videz votre esprit avant de commencer. L'exercice pourrait vous aider à vous purifier, mais il est préférable d'avoir déjà l'esprit en paix – ne serait-ce qu'en partie – pour avoir les meilleurs résultats.

Comme nous l'avons vu, les dons évoluent avec notre état psychologique, ce qui veut dire que les deux chemineront sûrement ensemble, sans que cela soit contrôlé. Ainsi, si vous prenez le temps de bien faire les choses, vous évoluerez en toute quiétude. Si vous démarrez avec un esprit trouble, vos dons risquent de l'être aussi et vous aurez plus de difficulté à les comprendre.

Si vous devez prendre quelques jours de plus ou faire une pause pour effectuer un grand ménage mental pendant quelques semaines, n'hésitez pas à faire une pause. Les résultats n'en seront que meilleurs.

Jour 17 : Environnemental

Le proverbe dit : « Un esprit sain dans un corps sain. » L'environnement aussi doit être sain. Après avoir nettoyé notre esprit, il faut maintenant penser à nettoyer notre lieu de pratique. Il est préférable de faire les exercices toujours au même endroit, car l'énergie s'accumulera et elle créera une barrière naturelle protectrice. Je vous suggère de choisir une chambre ou un endroit précis de la maison que vous purifierez. Cet endroit sera aussi un lieu de recueillement.

Il est inutile de tenter de purifier un lieu négatif, il faut de l'expérience, du temps et de l'énergie. Vous n'avez pas besoin d'avoir des dons développés, ni d'être un grand connaisseur ou très expérimenté en ésotérisme pour sentir que l'ambiance est malsaine et que vous êtes mal à l'aise dans une pièce. Fiez-vous d'abord à votre ressenti. Choisissez donc un lieu où vous vous sentez bien. En le nettoyant, il deviendra encore plus positif.

La première étape consiste à faire une purification et à nettoyer l'endroit, mais à un niveau plus profond qu'un simple ménage avec un balai et un chiffon. Cette fois, on ne fait pas qu'enlever la poussière, on purifie la pièce jusque dans ses énergies. La purification permet aussi de faire en sorte que l'énergie circule bien ; rien ne doit stagner.

Commencez par retirer tous les objets inutiles, tout ce dont vous ne vous servez pas. Parfois, on accumule des choses, mais on n'y touche jamais. Ces objets accumulent des énergies qui ne bougent plus, elles deviennent comme l'eau d'une mare, sombre et épaisse. Elles accumulent les impuretés, sans jamais s'en débarrasser.

Après avoir retiré ces objets, il faut aussi enlever ou déplacer tout ce qui nous donne une mauvaise impression. Parfois, il peut s'agir de cadeau offert par une personne que l'on sait mal intentionnée. Ou encore un objet qui ne nous inspire rien de bon, tout simplement.

Remplacez ces objets par des objets positifs qui, lorsque nous posons le regard sur eux, nous inspirent des émotions légères et agréables. On peut ajouter des images inspirantes ou encore les photos des gens qu'on aime. Toutes ces choses dégageront une bonne énergie et chaque fois que nous les regarderons, nous en dégagerons aussi.

Continuez ce nettoyage à l'extérieur de la maison. Si possible, on enlèvera toutes les choses qui dérangent ou encore on réparera ce qui est cassé depuis si longtemps. Ce n'est pas seulement une question d'apparence, il s'agit également de transformer un objet neutre ou désagréable en quelque chose de positif. Chaque geste compte, alors bougez et déplacez les objets autour de vous du mieux que vous le pouvez.

Consacrez votre lieu d'exercices par des pensées positives. Chaque fois que vous y entrerez, ayez une bonne pensée, cela peut être une symbolique, par exemple un paysage de plage, ou encore un bon vieux souvenir. Surtout, ne laissez pas des personnes négatives entrer dans votre sanctuaire et ne parlez pas de ce lieu et de ce que vous y faites à qui veut bien l'entendre. Partagez avec des gens qui vous comprennent et laissez seulement ces personnes visiter votre lieu. Si une personne négative y entre par mégarde, vous pouvez jeter du sel là où elle est passée afin de nettoyer ses énergies derrière elle. C'est la méthode de purification de base la plus éprouvée.

Le sel est considéré comme un outil purificateur depuis des lustres. On s'en servait d'abord pour conserver la nourriture et pour désinfecter les blessures. Si l'on se réfère à la notion qui veut que tout ce qui est dans le monde physique se reflète dans l'astral, on comprend mieux pourquoi on se sert du sel pour purifier notre maison au niveau énergétique et pourquoi certains pratiquants s'en servent dans leur magie. Dans la maison, on en lance une poignée, puis on nettoie le lendemain. Si on a des animaux, on le jette dans les coins de la pièce ou le dépose dans des pots cachés aux quatre coins de la pièce.

Il est recommandé d'avoir un endroit pour s'entraîner, mais si aucune pièce n'est libre, il est possible de choisir un lieu très restreint, par exemple un lit, une chaise ou encore le coin d'une pièce. En vous assoyant sur la chaise en question, vous entrerez dans votre zone d'entraînement. L'espace est plus petit, mais il vous permettra tout de même d'établir vos protections et d'y accumuler votre énergie personnelle.

Si vous entreposez des objets dans une pièce, il n'est pas nécessaire d'y faire le ménage et d'en sortir les objets inutiles. Cela dépendra. Parfois on conserve des objets ou des meubles et ces derniers finissent par nous servir ou encore ils servent à des gens qu'on connaît qui en ont besoin. Souvent, ce sont des choses que nous accumulons et qui traînent là depuis des années. Vous savez que le ménage doit être fait ou non. Si vous vous l'êtes déjà dit, mais ne l'avez pas fait. Si vous sentez que les énergies sont devenues lourdes. Ou encore si ce sont de vieux souvenirs qui font remonter de la nostalgie. Faites l'évaluation avec votre cœur et non avec vos pensées rationnelles, la réponse viendra très vite.

Jour 18 : Spirituel

Que pourrait-il rester d'autre à nettoyer après l'esprit et l'environnement ? Probablement la source même de notre pouvoir, nous-mêmes et nos énergies. Pour augmenter et purifier notre psyché, la technique est très simple. En fait, elle est extrêmement simple en théorie, probablement plus difficile en pratique.

Elle consiste à augmenter la force de notre croyance, que l'on croie en soi ou non. Par exemple, si nous n'avons pu travailler notre confiance en soi lors du nettoyage au niveau psychologique, nous pourrons compenser par la croyance en une entité positive.

J'ai déjà précisé que les exercices sont basés sur nous et que nous allions chercher le pouvoir en nous et non à l'extérieur. Par contre, nous sommes des êtres humains et il arrive des moments où nous avons besoin d'un petit coup de pouce. Oui, nous trouverons la source de pouvoir en nous, mais nous avons aussi le droit de demander de l'aide.

Si vous croyez aux anges, il est temps de recommencer à leur parler. Si vous croyez aux élémentaux, qui sont les entités vivant dans les quatre éléments ; aux sylphes, aux ondines, aux salamandres ou encore aux gnomes, vous pouvez apprendre à les connaître. Si vous croyez aux bons esprits qui veillent sur nous, dont la mission est de nous aider à évoluer, il est temps de prendre contact.

Demandez-leur de vous aider à purifier votre énergie. Ces entités existent dans l'astral, l'énergie fait partie intégrante de leur monde, elles connaissent très bien cet élément. Il leur sera beaucoup plus facile de vous aider à faire ce ménage que pour un être humain.

Plus vous croirez en ces entités, plus votre esprit sera lumineux, mais aussi, plus il sera fort et solide. Les entités positives agissent souvent comme des tremplins lorsque nous ne nous sentons pas à la hauteur. Elles nous permettent de croire en un Moi plus grand que nous. En fait, qui est aussi grand que nous pouvons l'être, mais nous nous donnons le droit d'y croire.

Elles nous permettent aussi de créer des barrières indestructibles contre les énergies négatives en érigeant des murs de lumière autour de nous. Ces entités deviennent un bouclier et même avec le temps une véritable armure. J'ai connu des gens qui croyaient en des entités divines qui étaient totalement intouchables par la magie noire et ses dérivés. Ils n'avaient aucun besoin de s'en protéger, cela se faisait tout naturellement.

Demandez-leur de vous nettoyer, de vous purifier, de vous infuser leur lumière et de vous protéger. Elles sont là pour vous. Par contre, puisqu'elles sont positives, elles n'interviendront pas dans votre vie. Vous possédez le libre arbitre et toutes les entités du bien le respectent. Vous devez donc leur demander directement leur aide, vous devez vous manifester pour qu'ils agissent. Vous devez en fait rester maître de votre vie et prendre les rênes en mains, elles n'attendent que ça.

Jour 19 : Énergétique

Lorsque les trois étapes précédentes auront été accomplies, vous pourrez sceller le tout définitivement en ajoutant une petite touche de magie. Je vous invite à utiliser plusieurs méthodes différentes, choisissez celle qui vous plaît et utilisez-la dès que vous serez prêt.

Vous pouvez terminer simplement la purification en allumant une chandelle blanche et en faisant brûler un bâton d'encens de myrrhe, de sauge ou de conifère. Vous ferez ensuite une prière à l'entité positive de votre choix qui vous aidera à finaliser le grand ménage. Par exemple, « Raphaël, je te prie de m'aider à purifier cette chambre. Puisse ton énergie l'emplir complètement afin de la vider de toute forme d'énergie négative qui aurait pu l'habiter auparavant. Aide-moi à faire en sorte que l'énergie divine règne en ces lieux. Je ferai tout ce qui est en mon pouvoir afin que seules les énergies positives puissent y entrer et y rester, mais j'ai besoin de ton aide maintenant pour leur faire la place dont elles ont besoin. » Lorsqu'on sent que notre prière a bien été reçue, on remercie l'entité. Et on tient sa promesse, car comme le proverbe le dit : « Aide-toi et le ciel t'aidera. »

Vous pouvez aussi utiliser votre corps et votre passion pour la danse pour compléter le tout. Faites jouer la chanson que vous aimez le plus et laissez-vous entraîner par la musique. Visualisez que votre énergie se propage dans la pièce grâce à vos mouvements, qu'elle vibre avec la mélodie et résonne sur tous les murs. Voyez-la, joyeuse, qui danse elle aussi autour de vous.

Si vous aimez plutôt le chant, fredonnez ou chantez très fort la chanson qui vous fait le plus vibrer. Prenez l'émotion au creux de votre ventre et expulsez-la vers l'extérieur en faisant vibrer votre voix avec la même intensité. Choisissez un chant positif, qu'il soit doux ou intense, selon l'émotion que vous souhaitez dégager, soit la passion ou la sérénité.

Vous pouvez aussi utiliser la visualisation, par exemple avec les quatre éléments. Visualisez un immense brasier purificateur qui réduit en cendres toutes les énergies négatives présentes. Voyez ensuite une vague purificatrice qui passe à travers votre maison et qui ramasse toutes les impuretés présentes pour les amener avec elle. Voyez l'air assécher le tout et souffler sur les particules qui auraient pu rester. Concluez en voyant l'élément de la terre, stable et immuable, qui vient reconstruire les murs autour de vous, filtrant toutes les énergies passantes.

Vous pourriez utiliser le dessin pour tracer des talismans ou même des runes qui sont des symboles très puissants qui savent attirer vers eux des énergies positives. Les runes attireront des énergies qui seront de passage et qui repartiront avec le mal. Ou encore des énergies autonettoyantes, comme le pouvoir que possède le quartz rose ou l'améthyste.

Si vous savez que vos mains réagissent aux énergies, si parfois vous les sentez vibrer lorsque vous touchez quelqu'un ou lorsque vous pensez à des notions ésotériques, passez simplement vos mains sur les objets qui vous entourent et sur les murs de la pièce. Pensez que vous purifiez l'endroit avec votre énergie, ressentez les choses qui réagissent à cette programmation.

La méthode choisie sera la bonne. Si quelque chose vous vient en tête et sans faire partie de la liste, c'est probablement la technique qu'il vous faut. Laissez-vous inspirer et vous ferez les bons gestes. Cette dernière purification sera « la cerise sur le gâteau », car si vous avez suivi toutes les étapes des jours précédents, vous êtes assurément prêt à poursuivre maintenant.

Jour 20 : Choisir un nettoyage et le faire

Je vous invite à faire le tri dans toutes les notions de nettoyage que nous avons abordées. Vous avez probablement eu des idées pour chacun de ces jours. Notez-les dans votre journal de bord. Commencez par le nettoyage au niveau mental, puis pour-suivez avec les étapes suivantes. Il n'est pas nécessaire de suivre toutes les suggestions, mais seulement de faire ce que vous ressentez et ce que vous jugez nécessaire.

Si vous sentez qu'une croyance peut vous bloquer et que vous ne trouvez pas de solution pour la faire disparaître, concentrez vos pensées sur elle et demandez de l'aide. La réponse viendra probablement dans les jours prochains. Si besoin est, prenez tout le week-end pour réfléchir et pour dresser votre plan d'action détaillé. Inscrivez d'abord l'étape que vous ferez en premier et celles que vous préférez faire ensuite. L'ordre présenté n'est pas obligatoire. Vous pouvez donc faire un ménage spirituel avant le ménage physique. Ou le faire différemment. Si vous ne souhaitez pas vous débarrasser de certains souvenirs pour l'instant, c'est bien. Au moment du ménage psychologique, l'envie s'imposera peut-être d'elle-même. Dresser un plan permet d'écrire ce qui vous convient le mieux, de s'organiser, mais aussi cela « oblige » à faire des gestes. On écrit un plan d'action pour l'exécuter.

Lorsque vous sentez qu'il est complet, laissez le bon moment venir à vous et faites ce que vous avez noté. Le plan le plus parfait et le plus impeccable n'est pas nécessaire. Vous débutez, alors faites simplement de votre mieux et vous aurez les résultats qui conviennent.

Vous pourrez toujours refaire ce nettoyage plus tard au cours de votre cheminement si vous en sentez le besoin. Vous l'améliorerez probablement aussi après avoir réussi à ouvrir vos dons. Allez-y donc selon les besoins ressentis et selon votre inspiration. Laissez-vous guider vers la voie de la pureté.

Semaine 5 : Ancrage

Jour 21 : Utilité et nécessité

L'étape de cette semaine est encore une étape de préparation : nous allons aborder l'ancrage. Cette technique est utilisée autant par les païens dans différents rites que par les pratiquants d'arts martiaux. Dans le premier cas, l'ancrage sert à se relier à la terre, donc avec la nature. Il nous permet de retrouver nos sources véritables et de solidifier le lien avec nos racines. On le pratique avant de faire un rituel, car il permet de se recentrer sur soi, de soigner ses énergies et de les canaliser correctement, avec force, mais sans excès.

Dans le second cas, cette technique permet l'immobilité et la stabilité totales. Les plus expérimentés deviennent de véritables murs de pierres ; ils sont inébranlables. Aucun coup, aucune poussée ne peuvent les faire bouger de leur position.

Nous utiliserons cette technique afin de rechercher la stabilité mentale, l'équilibre du corps et de l'esprit, mais aussi simplement pour garder les pieds sur terre. Certains, parmi vous, craignent sûrement d'aller trop loin en ésotérisme, de peur d'apercevoir des choses fausses et de passer pour fou.

L'ancrage nous empêche de nous perdre et nous aide à garder notre esprit dans notre corps. Il nous aide aussi à ne pas tomber dans l'illusion.

Comme on le sait, les charlatans en ésotérisme existent. Sont-ils vraiment tous des voleurs ? Je ne crois pas. Certains sont aussi beaucoup illusionnés sur leur pratique et leurs résultats. Ils s'imaginent probablement voir plus de choses qu'il en existe vraiment.

C'est pourquoi nous devons nous ancrer avant les séances, afin de conserver notre lucidité. Ajoutons qu'aller loin en ésotérisme ouvre plus grand encore notre esprit. N'oublions pas qu'il n'y a pas que des entités et des énergies positives autour de nous. Si nous souhaitons rester sain d'esprit et solide dans notre progression, il faut prendre le temps de s'ancrer quelque part.

Ceux qui tenteront de vous détourner de votre route y arriveront plus difficilement. Vos pensées seront aussi plus ordonnées, car l'ancrage à la terre nous relie aux propriétés de cet élément qui est très rationnel et réfléchi. Ce que vous verrez ou expérimenterez sera plus clair si vous faites cette technique avant.

Si vous pouvez vous y adonner en nature, avec un arbre, c'est excellent. Cependant, nous n'avons pas tous accès à la nature. Commençons donc par une technique de visualisation. Ainsi, peu importe où vous vous trouvez, la force de votre esprit fera le travail.

Si vous n'êtes pas habile avec la visualisation, ne vous inquiétez pas, nous verrons aussi des techniques utilisant des objets. Vous aurez tout ce qu'il faut pour vous ancrer, de la façon qui vous plaît.

Jour 22 : Visualisation

Nous attaquons la technique d'ancrage avec visualisation, technique accessible à tous. Prenez le temps de vous reposer, d'être calme de la tête aux pieds. Quant aux petits détails, comme la musique, les parfums, l'ambiance en général, tout cela dépendra de vos besoins. Pour certains, la musique douce est énervante, ils ne doivent pas s'en servir. Préférez le silence si vous êtes plus à l'aise. Appliquez la méthode selon ce que vous sentez et surtout selon vos préférences.

Videz votre esprit de toutes les pensées parasites et faites place à une seule et unique visualisation. Regardez-vous devenir doucement un arbre, le magnifique arbre de votre choix. Devenez ce dernier, sentez vos bras devenir des branches, votre corps et votre tête comme une partie du tronc.

Ensuite, étirez-vous vers le ciel, physiquement ou mentalement, et sentez que vous touchez le soleil ou les étoiles, ce qui vous permet de vous unir au reste de l'univers. Baissez ensuite les bras et sentez l'énergie du ciel descendre sur vous, entrer par le sommet de votre crâne et continuer sa route à travers votre corps pour descendre vers vos pieds.

Lorsque vous sentirez que vous faites un avec le reste du monde, même si la sensation est faible, posez vos pieds bien à plat sur le sol et visualisez-les devenant des racines. Ces dernières se plongeront dans le sol et descendront jusque dans la terre. Peu importe à quel étage vous êtes dans le bâtiment. Les racines descendront les mètres nécessaires pour entrer profondément dans la terre.

Vous vous sentirez alors plus solide, vous serez ancré. Vous êtes comme un arbre très ancien, car lié à l'univers, ne pouvant être ébranlé par quoi que ce soit. Il sera alors temps de commencer vos exercices. Rien de ce que vous verrez ou sentirez pendant ces séances ne pourra vous perturber, ni vous « déraciner ». Vous ressentirez des choses, vous ferez l'expérience de sensations nouvelles, mais vous n'en serez pas ébranlé. Certains préfèrent descendre dans la terre, puis remonter vers le ciel ensuite, à vous de choisir.

Pour retourner à un état naturel, il suffira de visualiser les racines qui remontent dans vos pieds. Lorsque vous sentirez l'énergie remonter, levez les bras à nouveau vers le ciel pour projeter vers l'univers toute cette énergie. Finalement, revenez vers vous.

Si tout cela vous semble un peu trop complexe ou « magique », utilisez la méthode d'ancrage avec une pensée positive extrêmement forte. Par exemple, vos enfants ou toute autre personne qui vous empêcherait à tout prix de quitter la terre. Accrochez-vous à l'image de vos enfants heureux avec vous et vous aurez un ancrage extrêmement solide qui vous protégera contre toute perturbation.

Cela peut paraître fastidieux au début, mais plus vous ferez cette visualisation, plus elle deviendra facile et se fera rapidement. Par contre, les premières fois, même si vous avez probablement envie d'aller vite, prenez tout votre temps. Visualisez chaque parcelle de l'arbre, des racines, laissez chaque sensation et impression vous parcourir doucement.

Les détails s'estomperont à mesure que vous pratiquerez la technique, mais ils demeureront bien solides dans votre esprit. Lorsque vous serez assez expérimenté, il vous suffira de vous asseoir, de penser que vous désirez vous ancrer et vous sentirez le tout s'accomplir. Prenez donc le temps de bien faire les choses, cela vous donnera un grand atout.

Jour 23 : Méthode physique

Je propose d'autres techniques à ceux qui ne sont pas habiles avec la visualisation ou pour qui cette méthode ne fonctionne pas très bien. Tout d'abord, il est possible d'utiliser des pierres semi-précieuses : l'agate, la cornaline, le jaspe rouge et la plupart des pierres rouges ou orangées feront l'affaire. Le quartz fumé est aussi excellent pour se recentrer et garder les pieds sur terre. Vous pourrez trouver ces pierres dans une boutique ésotérique de votre quartier ou en cherchant dans Internet.

Placez la pierre sous l'endroit où vous êtes assis, par exemple sous un coussin. Ou encore, tenez-la dans votre main. Sinon portez-la sur vous, dans une poche. Elle sera par contre plus efficace si vous êtes assis au-dessus, car elle stimulera votre chakra de la base qui est un ancrage en lui-même.

Si vous n'avez pas de pierre, posez les pieds fermement sur le sol et touchez des mains quelque chose près de vous. Vous avez ainsi un contact total avec le sol. L'important est de bien sentir que vous êtes là, dans le réel. Si vous êtes à l'extérieur, vous pouvez aussi recouvrir vos pieds de terre ou de sable. Ainsi, vous prenez véritablement racine. Sinon, on peut combiner la technique de visualisation avec celle-ci. Touchez le sol fermement et visualisez que vos pieds sont enterrés.

Si vous aimez prier les entités positives et leur demander de l'aide, certains anges servent à nous garder sur terre. Vous pouvez demander cette aide aux archanges Uriel et Sandalphon. Faites une simple prière en leur demandant leur aide. Dites d'abord pourquoi vous requérez cette aide, et ce que vous vous apprêtez à faire. Demandez-leur de rester près de vous tout au long de la séance et pensez à les remercier à la fin.

Si ces options ne semblent pas pour vous, il est possible de faire encore plus dans le concret et, à la fois, encore plus dans la simplicité. Pour ancrer votre esprit, il suffit de vous lier à ce qui est physique. Donc, toute activité physique intense sera excellente pour vous relier à votre corps, au sol sur lequel vous vous êtes entraîné et avec tout ce qui vous a entouré. L'air que vous avez respiré, vos muscles qui ont travaillé, ce sont tous des éléments qui nous ramènent à notre réalité physique.

Faites simplement une séance d'entraînement avant de commencer les exercices et vous serez déjà relié à la terre. Cela ne donnera pas les mêmes résultats qu'avec les exercices précédents, mais nous sommes tous différents et il est possible que vous trouviez chaussure à votre pied.

Si une autre idée d'ancrage vous est venue, soit grâce à vos connaissances en ésotérisme, soit simplement grâce à une soudaine inspiration, utilisez-la en premier. C'est probablement celle qu'il vous faut. N'hésitez pas à tester plusieurs façons de faire et à prendre des notes sur les résultats obtenus. Prenez le temps de trouver votre méthode.

Jour 24 : Libération

Vous avez probablement trouvé une méthode d'ancrage intéressante ou encore vous savez laquelle ou lesquelles vous désirez essayer. Au jour 23, nous avons vu une méthode pour revenir à la réalité.

Il est possible que la technique soit si efficace que vous restiez ancré trop profondément. Cela n'est pas un mal en soi, il faudra alors inverser la technique pour faire cesser l'impression d'avoir attaché trop solidement notre esprit à la terre, l'empêchant ainsi de vivre pleinement des expériences ésotériques.

Par contre, il faut noter que ces méthodes seront rarement utilisées. L'ancrage sert à créer un balancement, un équilibre entre le physique et vos pouvoirs psychiques. Il n'est donc pas quelque chose qui vous retient solidement. Il ne fait que maintenir la balance là où elle doit être.

Quand nous utilisons les forces de notre esprit, notre aura se dilate, notre esprit s'ouvre et nous nous sentons parfois flotter et perdre contact avec la réalité. L'ancrage nous permet donc de nous assurer qu'un côté vient maintenir l'autre en parfait équilibre.

Lorsque la séance se termine, les choses reprennent leur place naturellement et vous ne devriez pas avoir à faire quoi que ce soit d'autre pour revenir à vous. Par contre, il est possible que votre ancrage soit trop puissant ou que votre esprit ne soit pas allé assez loin pour avoir véritablement besoin d'un ancrage. Nous verrons donc quelques astuces pour revenir en douceur et efficacement.

Si vous avez utilisé une pierre, un simple quartz transparent, posé sur le troisième œil (qui est situé entre les deux yeux, au-dessus des sourcils) ou sur le sommet du crâne, pourra vous faire revenir. Parmi les pierres les plus faciles à trouver, l'améthyste est excellente, sinon le lapis-lazuli sera efficace.

Vous pouvez aussi refaire une visualisation. Cette fois, regardez-vous flotter dans les airs, voler au-dessus de tout, des bâtiments, de votre demeure, au-dessus de paysages époustouflants. Sentez que vous devenez léger et que votre corps ne souhaite que s'élever dans les airs. Vous pouvez utiliser de la musique, un rythme qui vous donnera envie de bouger, de tout simplement décoller.

Si vous avez fait appel aux anges, il suffit normalement de leur demander de cesser de vous accompagner et l'ancrage diminuera tout doucement pour ainsi vous libérer de façon agréable. Ils ne vous retiendront pas plus qu'il ne le faut. Donc, si vous n'êtes pas certain de bien faire les choses, laissez-les faire pour vous.

Si vous avez pris une technique plus terre à terre, il suffit simplement de réactiver votre esprit. Au lieu de faire de l'exercice physique, faites plutôt un exercice mental. Lisez, étudiez, jouez à des jeux qui demandent de la réflexion, réfléchissez à des sujets profonds qui vous intéressent. Ou encore, laissez-vous conduire vers l'art, que ce soit le dessin, la peinture ou tout autre loisir créatif. Aussitôt que votre esprit sera actif, l'ancrage diminuera.

Cela dit, même si l'ancrage semble avoir été trop fort ou au contraire pas assez, vous pourrez vous réajuster la prochaine fois. Et pour ce qui est de se rééquilibrer, la vie normale de tous les jours s'en chargera.

Jour 25 : Choisir une méthode et s'entraîner

Vous l'avez probablement deviné, l'exercice de cette semaine sera l'entraînement à une technique d'ancrage. Nous avons vu plusieurs méthodes et vous avez probablement déjà la vôtre en tête. Vous pouvez aussi tester et vous entraîner en toute confiance puisque nous avons aussi vu des méthodes de renversement de l'ancrage. Vous aurez de bons résultats.

L'entraînement vous permettra de vous lier à la terre rapidement et de vous en défaire tout aussi vite. Alors prenez le temps de bien faire cet exercice et essayez plusieurs méthodes différentes. Vous pouvez même faire des combinaisons, toutes les façons de procéder sont bonnes, tant que vous vous sentez bien.

Faire l'ancrage sera aussi utile dans votre vie quotidienne. Quand vous vous sentez indécis, que vous ne savez plus où vous en êtes et que vos idées sont confuses, solidifier vos pensées et vos énergies ne pourra que vous aider. Quand une personne tentera de vous déstabiliser ou de vous faire changer d'avis, ancrez-vous. Vous serez plus solide devant cette personne et vous pourrez l'affronter calmement, sans avoir à vous imposer.

Prenez le temps de savourer les bienfaits de cette technique autant au niveau ésotérique que psychologique. Tout ce que cette méthode pourra vous apporter vous sera révélé lors des exercices. Commençons donc tout de suite !

Semaine 6 : Protection

Jour 26 : Naturelle

Cette semaine, nous verrons en détail le dernier élément qui manque avant de pouvoir commencer notre entraînement. Notre esprit est prêt et notre environnement aussi, mais il reste encore des choses difficiles à prévoir, comme les ondes négatives dans votre environnement. Vos dons ne sont pas encore ouverts, alors comment pourriez-vous les percevoir ? Il existe des signes, par exemple des querelles régulières, mais ce n'est pas toujours aussi évident.

Nous aborderons donc les protections possibles, en premier lieu les protections naturelles. Vous en possédez peut-être déjà. Si c'est le cas, je vous invite à vous concentrer sur elles et à les exploiter.

Il existe trois protections naturelles que nous n'aborderons pas ici. Les personnes qui croient très fort en Dieu, ainsi que celles qui ne croient en rien du tout, sont normalement « immunisées » contre l'ésotérisme. Elles ne ressentent rien et rien ne peut les atteindre. La neutralité totale peut aussi être une protection naturelle. Ces gens ne ressentent aucune onde, aucune entité, aucun état hors du commun.

Or, vous n'êtes probablement pas de celles-là puisque vous lisez ce livre. Vous avez peut-être une autre sorte de protection naturelle, qui ne vous isole pas, mais plutôt qui agit comme un bouclier contre les énergies négatives, tout en laissant passer les bonnes énergies.

Certains ont probablement des protecteurs dans l'astral. Ce sont souvent des gens décédés qui ont décidé de veiller sur vous. Si vous savez qu'une telle personne est à vos côtés, recommencez à lui parler et demandez-lui dès maintenant de vous accompagner dans votre cheminement.

D'autres connaissent probablement leurs gardiens astraux, que ce soit des guides, des anges ou autres. Nous en avons tous, mais cette fois je fais référence à ceux qui en sont conscients, car ils ont déjà eu des contacts. Si tel est votre cas, il est temps de leur demander de l'aide.

Il existe aussi des lieux qui sont « sacrés », qui dégagent naturellement de l'énergie positive. Rien dans ces pièces ne peut rester négatif très longtemps. Les querelles cessent, les tensions se dissipent et l'énergie se renouvelle d'elle-même, sans que vous ayez à y faire quoi que soit. Si vous avez un tel endroit, il sera votre protection naturelle.

Si aucun de ces scénarios n'est plausible, alors utilisez les méthodes de protection que nous verrons dans les prochains jours. Il importe de savoir se protéger, de protéger sa maison, mais aussi son environnement. Bien sûr, on en profitera aussi pour protéger les gens qu'on aime.

Nous ne vivons pas dans un monde qui valorise l'énergie positive, il suffit de voir de quoi les gens se « nourrissent » dans le quotidien, de mauvaises nouvelles, de ragots dégradants. Il est donc très important de se protéger. Procéder ainsi n'est pas signe de faiblesse, mais plutôt d'intelligence.

Jour 27 : Créer

Si vous n'avez pas de protection naturelle, ce qui n'est pas chose rare, vous devrez créer une protection pour vous et votre environnement. Nous verrons ici quelques procédés.

Nous avons vu que notre état mental influençait beaucoup notre pratique. Il nous protège. Vient ensuite l'ancrage, car il nous permet de garder les pieds sur terre et nous stabilise.

Nous allons chercher d'autres protections. Il n'est pas nécessaire de les utiliser toutes, seulement celles qui vous touchent. Si l'une d'elles vous inspire, n'hésitez pas et recourez-y. Si votre esprit est lié à une source pure, par exemple si vous croyez aux anges, et que vous êtes convaincu d'être protégé, vous le serez. Définitivement. Alors si c'est le cas, mettez l'accent sur cette pensée.

Il est possible de propager des énergies positives autour de vous, de visualiser les murs de votre maison remplis d'une lumière blanche qui filtre tout et crée une barrière autour de vous. Pour accentuer ce genre de protection, déposez du sel aux quatre coins de la pièce, afin de les relier par une barrière positive invisible. Puis, faites brûler de l'encens de conifère afin de bien purifier l'air. Refaites cette visualisation tous les jours en vue de la construire doucement, de la solidifier et de lui donner vie.

La visualisation d'une bulle de protection est aussi très puissante. Il suffit de vous voir dans une bulle de protection hermétique et colorée, de la couleur de votre choix, qui vous enveloppe et vous protège. Prenez le temps de savourer le sentiment de bien-être qui vous entourera. On peut ressentir par moment un état de totale extase, probablement un peu comme lorsque nous étions dans le ventre de notre mère et que tout allait bien. Sans souci, sans inquiétude, avec quelqu'un pour veiller sur nous. Cette fois, cette énergie positive veillera sur vous en tout temps.

Si la visualisation sur les murs et autour de vous est difficile, tentez de visualiser la lumière qui est en vous. Cette boule de vie, cette innocence pure qui est là, cette flamme que personne ne peut toucher, ni voler. Elle est là pour chacun de nous et vous pouvez l'inviter à se révéler et à se propager partout dans votre corps. Parlez-lui et appelez-la. Demandez-lui de se dévoiler chaque fois que nécessaire. Chaque fois qu'une personne négative voudra vous atteindre, chaque fois qu'une émotion nocive montera en vous, laissez cette lumière tout éblouir.

Ne croyez pas que vous aurez trop de protection et que cela bloquera les énergies qui pourraient venir vers vous. Au contraire, les barrières positives sont des filtres. Elles bloquent le négatif, mais elles savent aussi très bien que vous avez besoin du reste pour évoluer. Elles peuvent même attirer vers vous ce dont vous avez besoin. Alors ne comptez pas le nombre de protections et suivez simplement votre intuition. Dans tous les cas, protégez-vous au maximum.

Jour 28 : Avec des instruments

Voyons des méthodes plus terre à terre, ce qui n'est pas inutile. Nous pouvons nous protéger grâce à des techniques psychiques et grâce à des prières, mais il arrive un moment où nous allons moins bien. Soit que le moral est plutôt bas, soit que notre santé vacille. Dans ces cas, il est plutôt difficile de construire quelque chose de solide simplement avec notre esprit.

Voyons quelques rituels ou plutôt astuces de magie rituellique qui peuvent remplacer les protections psychiques. L'outil le plus accessible et le plus efficace reste le sel. Vous pouvez l'utiliser pour tracer votre périmètre, en le délimitant par des lignes de sel, ou en déposant du sel dans les coins, tout en visualisant que chaque amas est relié au suivant.

L'encens reste le premier choix pour purifier l'air, autant l'air stagnant que celui qui entre dans la maison et en sort. Il représente aussi une sorte de filtre aérien. Les chandelles évoquent le feu qui est purificateur. Ainsi, vous pouvez allumer une chandelle blanche, faire une prière à l'entité de votre choix (votre ange, une déité que vous appréciez) ou encore prier le feu de purifier l'endroit où vous vous trouvez.

Une eau où aura trempé un quartz transparent, une améthyste ou toute autre pierre purificatrice deviendra une source d'eau bénite et pourra être utilisée simplement en la lançant dans la pièce, un peu comme le ferait un prêtre avec un goupillon.

Il existe aussi des talismans, qui peuvent être placés sur les rebords des fenêtres ou encore au haut des portes. Le talisman le plus simple et le plus puissant est la rune elhaz. Elle est facile à dessiner et elle est très puissante. Cette rune prend la forme illustrée ci-dessous. Il suffit de la tracer sur un papier blanc, avec un crayon bleu ou mauve, sinon noir.

Si vous êtes adepte d'une religion, les symboles religieux sont eux aussi très puissants. Ils ont accumulé avec les années beaucoup d'ondes, de pensées et d'énergies en lien avec leur symbolique. Le seul fait de les afficher active ces énergies. Si vous avez une image de l'archange saint Michel ou de toute autre entité, il est possible de la placer dans un endroit stratégique.

Les pierres purifiées, à nouveau le quartz transparent et l'améthyste, peuvent elles aussi être placées sur le rebord des fenêtres ou au haut des portes. Elles nettoient les énergies qui entrent dans la demeure et en sortent. Les pierres placées au haut d'une porte purifieront aussi les visiteurs. Ainsi, ne vous surprenez pas si certaines personnes négatives ne viennent plus vous voir.

Combinez les techniques et créez votre propre rituel de protection. Encore une fois, ne comptez pas le nombre, allez-y simplement selon les besoins de protection que vous ressentez et ce que votre cœur vous dit.

Jour 29 : Explications sur les éléments

La semaine prochaine, nous commencerons les exercices pratiques, ils sont basés sur les quatre éléments et servent à ouvrir votre esprit. Vous pourriez tenter des techniques pratiques en lien avec les dons, mais la préparation vous donnera un atout de plus. Elle ouvre des portes sur vos capacités et aiguise votre ressenti, vous devenez ainsi plus conscient de ce qui vous entoure et vous apprenez à mieux percevoir les énergies que vous utiliserez plus tard. Quoi de mieux que d'enfiler des flotteurs avant de sauter dans la piscine, surtout quand on ne sait pas nager.

Vous aurez des exercices à faire à la fin de la semaine, ou encore chaque jour durant ladite semaine. À vous de décider selon votre intérêt et intuition si vous désirez vous entraîner chaque jour ou chaque semaine. Toutefois, il est important de faire connaissance, que ce soit de près (en touchant l'élément) ou de loin (dans une simple et courte visualisation), avec chacun des éléments.

Nous retournerons aux sources. Nous sommes tous des humains et dans notre incarnation actuelle, nous provenons tous de la terre, que l'on pourrait aussi appeler notre mère. Dans des temps anciens, en Occident, on croyait que tout ce qui était sur terre était constitué des quatre éléments : Terre, Air, Feu et Eau. Tout trouvait sa source dans ces derniers.

Dans d'autres cultures, par contre, on parlait plutôt d'éléments différents et parfois on en ajoutait un cinquième. Toutefois, nous partirons des principes de base de l'Europe médiévale.

Redécouvrons donc chacun de ces éléments. Nous les connaissons bien : Terre, Eau, Air et Feu. Par exemple, l'eau, nous en buvons tous les jours, nous prenons notre douche et nous sommes déçus quand il pleut. Mais prenons-nous vraiment le temps de rencontrer l'eau ? Et surtout de la comprendre et de voir à quel point son essence propre peut nous apprendre des choses sur la vie ? Certainement pas. Ce sont de petites choses de la vie que l'on a appris à ignorer. Il en est de même pour la Terre, l'Air et le Feu.

Ces quatre éléments sont là autour de nous, mais nous les connaissons si peu. Surtout, nous ne connaissons pas le lien qui existe entre nous et eux, et à quel point ils peuvent nous aider à redécouvrir la magie qui nous habite. Ce pouvoir qui dort, ces dons qui sommeillent.

Vous aurez l'impression de faire des choses étranges, ne vous en surprenez pas. Fixer une flamme pendant plusieurs minutes peut sembler anodin, mais il existe un but réel derrière tout ça. Préparez dès maintenant votre cœur d'enfant à de nouvelles expériences et ouvrez doucement votre esprit afin qu'il reçoive ces nouvelles informations.

En rencontrant ces éléments, nous retrouvons une partie de nous perdue, ou plutôt que nous avons délaissée depuis trop longtemps. Ce retour aux sources nous permettra aussi d'ouvrir les portes de notre esprit qui étaient fermement closes et qui doivent être ouvertes à nouveau.

Ensuite, après cette première ouverture, disons plutôt ce premier éveil, nous pourrons passer aux essais pratiques. Vos sens seront plus aptes à faire des tentatives, ils seront plus sensibles et à vif.

Il est possible que vous ayez tenté d'ouvrir vos dons dans le passé, en essayant des techniques spécifiques comme le tarot ; sans préparation préalable, il est très facile d'échouer. Dit plus simplement : il faut déverrouiller la porte avant d'essayer de l'ouvrir. Nous tenterons donc d'utiliser la première clé dès la semaine prochaine. Pour le moment, il faut conclure cette préparation avec l'exercice de demain.

Jour 30 : Choisir une protection et la mettre en place

Pour ce dernier exercice préparatoire, je vous invite à noter dans votre journal de bord votre plan d'action en vue de mettre en place votre protection. Notez-y toutes vos ressources, que ce soit une entité bénéfique pour vous, des pierres que vous avez déjà sous la main, une aptitude psychique particulière que vous possédez déjà. Faites une liste exhaustive, car il est possible que vous ayez envie de consulter cette dernière à nouveau éventuellement. Il se peut que vous essayiez des méthodes de protection maintenant, mais que vous vouliez changer de plan plus tard, vous aurez alors toutes les notes nécessaires sous la main.

Puis, établissez l'ordre des protections. Notez-y tout en détail, par exemple l'équipement dont vous aurez besoin : les chandelles, l'encens, une prière rédigée de votre main pour votre ange, etc.

Ensuite, établissez un horaire précis ou notez une date dans votre calendrier. Si vous êtes prêt, vous pourriez établir cette protection aujourd'hui même. Sinon, vous avez toute la fin de semaine pour ce faire. Ne passez pas à la lecture de la semaine prochaine sans avoir d'abord établi votre plan de protection, car il est nécessaire de conclure votre lecture à partir du jour 1 jusqu'à aujourd'hui avant de passer à l'étape suivante.

Je vous invite à vous fier à votre intuition et surtout à vous laisser inspirer par le moment. Je suis certaine que vous trouverez les bons gestes et les bonnes paroles, soyez créatif !

Récapitulons

Les dons sont des capacités naturelles à l'être humain.

Il n'y a que quelques pas à faire pour évoluer sur les chemins de l'ésotérisme qui nous conduisent indéniablement vers nos compétences cachées : nos dons.

Il faut se préparer à utiliser ces dons au maximum. Il faut faire un ménage complet, dans tous les aspects de notre vie : psychologique, environnemental, spirituel et énergétique.

Il s'agit de s'ancrer afin de conserver son équilibre.

Avant de partir à l'aventure, il faut établir une liste des boucliers possibles, car qui dit aventure, dit parfois aussi combat ou obstacle. Sage, nous préférons prévenir que guérir.

Si vous avez bien suivi toutes ces étapes, vous êtes assurément prêt à passer à la suivante, celle qui permettra d'ouvrir les portes de l'esprit et d'entrevoir vos dons par la fenêtre des possibles.

Deuxième partie

Révélation

Introduction

Au cours des prochaines semaines, nous utiliserons des techniques d'éveil des dons extrêmement simples. Elles conviennent à tous et ne nécessitent aucun instrument, ou presque. Ces éveils sont un retour à la nature, et donc à notre source pure en tant qu'humain.

Nous procéderons par étapes, en voyant premièrement le plan physique, ensuite le plan émotionnel et finalement le plan mental, puis nous conclurons par les exercices. Chaque semaine, vous pourrez choisir de faire les exercices quotidiennement, à mesure. Ou encore, vous pouvez les faire seulement le vendredi.

L'intensité des exercices augmentera d'un jour à l'autre et il vous sera probablement plus facile de vous éveiller ainsi. Vous devez vous entraîner dix minutes chaque jour, selon la méthode choisie. Vous noterez peut-être des différences d'un jour à l'autre et je vous invite à inscrire ces résultats dans votre journal de bord.

Vous pouvez aussi adapter les exercices proposés au fil des semaines selon votre intérêt ou attirance. Par exemple, faire les exercices de terre tous les jours, lire simplement ceux de l'eau sans les essayer, puis faire celui du feu le vendredi. Suivez vos envies. Ces exercices peuvent aussi être pratiqués pendant des semaines ; prenez le temps qu'il vous faut.

Semaine 7 : Terre

Jour 31 : Toucher et ressentir

L'élément Terre est l'élément qui nous a permis de nous entraîner à la technique de l'ancrage. Nous sommes donc déjà reliés à elle. Nous commencerons par cet élément, car il représente la stabilité et nous offre la meilleure des fondations pour construire nos plans.

Le premier exercice est très simple. Vous aurez besoin de terre, peu importe qu'elle ait été prise à l'extérieur ou encore qu'on l'ait achetée. Vous pouvez aussi utiliser du sable ou, en dernier recours, des grains de riz ou de céréales.

Si vous avez des plantes à la maison, profitez tout simplement du moment de les rempoter pour faire cet exercice. Dans un moment calme, installez-vous devant la terre que vous aurez mise dans un bol ou simplement devant vous. Prenez un instant pour l'observer, pour la sentir, pour comprendre ce qu'elle est et d'où elle vient.

Lorsque vous aurez envie d'en savoir plus, plongez vos mains dans la terre. Laissez-vous simplement aller à l'envie de la toucher.

Faites comme les enfants qui aiment jouer dans le sable ou même dans la boue. Ils ne se demandent pas ce qu'ils sont en train de faire, ils le font simplement. Soyez dans le même état d'esprit.

Recouvrez vos mains de terre, sentez que ce bouclier puissant vous protège, mais vous nourrit aussi. Voyez vos mains et vos doigts comme des racines qui y vivent et qui y grandissent. Tentez de ressentir l'énergie de la terre, fermez les yeux au besoin, et concentrez-vous sur ce que cet élément dégage, ce que vous êtes capable de ressentir à travers vos mains. Que ce soit une impression de chaleur ou encore des picotements, laissez toutes les sensations passer.

Vous pourrez ressentir toutes sortes de choses différentes pendant cette manipulation. Ce pourrait être des images, de vieux souvenirs, des expériences passées qui veulent émerger. Laissez-les passer, vous pourrez les analyser plus tard.

S'il vous est possible d'aller en forêt, vous pouvez faire sensiblement la même chose avec un arbre. Prenez le temps de regarder l'arbre et de le comprendre, de le toucher de vos mains et de tenter de ressentir la vie qui est en lui. Demandez-lui de vous aider à rencontrer la terre. Assoyez-vous ensuite sur le sol, mains posées contre le sol et dos appuyé sur l'arbre. On peut aussi serrer l'arbre dans ses bras pour entrer en contact avec lui. Vous pouvez évaluer la chose selon la saison. L'arbre répondra sans doute à votre appel, sinon vous pouvez essayer avec un autre arbre. Chacun est différent et a des choses différentes à transmettre, parfois qui ne nous concernent pas. Prenez le temps de trouver le bon arbre s'il le faut. Il est très important de le toucher, car il est en lien direct avec les dons de la terre. Prenez le temps de bien ressentir les énergies à travers vos mains.

Même si vous n'avez accès qu'à de la terre traitée, celle vendue en magasin, ne vous en faites pas, elle n'est pas « impure » à la pratique. En fait, et c'est bien triste, tous les éléments autour de nous sont en partie « corrompus ». L'eau contient du chlore et d'autres produits douteux. L'air contient des particules nocives en tout genre. Le feu consume des objets qui sont parfois nocifs et la fumée est polluante.

À moins de se rendre dans une forêt vierge, il est presque impossible de trouver un élément totalement pur. Ne vous arrêtez donc pas à cela. La terre reste de la terre tout de même, et vous pourrez en retirer tous les bénéfices. Les éléments conservent leurs pouvoirs, quoi qu'il arrive. Ne laissez pas une « croyance » venir bloquer votre démarche. Faites les exercices avec les éléments que vous aurez sous la main et vous aurez des résultats.

Un membre de mon entourage me confiait avoir essayé l'exercice de la terre. Puisque c'était l'hiver, il a plutôt opté pour de la terre dans un bol. Il y a plongé les mains et déjà le contact était bon, car cette personne aime la terre et tout ce qui se rapporte à la nature. Elle a senti que ses mains dégageaient de la chaleur, en fait, elle était en train de réchauffer la terre. Puis, c'est un sentiment de bien-être absolu qui est apparu. Après l'évaluation des sensations et de ce qu'elle était déjà capable de faire, nous en avons conclu qu'elle avait bel et bien un don de guérison latent. Je lui ai donc proposé les exercices que nous verrons plus loin afin de développer ce don, qui lui a permis ensuite de soigner une douleur à la main.

Jour 32 : Lier son énergie

Selon que vous aurez choisi de faire les exercices chaque jour ou à la fin de la semaine, il faudra ajouter l'exercice d'aujourd'hui au précédent. Quotidiennement, cela vous fait un petit ajout de plus. Ensemble, cela vous fait un exercice plus complet.

Passons maintenant au niveau émotionnel. Tentons de ressentir à nouveau la terre, mais aussi de vibrer sur la même longueur d'onde qu'elle. Lorsque vous toucherez la terre, ou que vous la contemplerez, tentez de ressentir ce qu'elle vous inspire. Les sentiments les plus forts qui devraient être dégagés sont ceux de stabilité. Vous sentez que vous êtes solide, que rien ne peut venir vous faire chavirer, que vous êtes sûr de vous.

La sérénité et le calme pourraient vous toucher aussi, une sensation de bien-être comme celle que l'on ressent lorsqu'on est « chez soi ». À nouveau, on se sent ancré, tellement au bon endroit que personne ne peut nous contrarier.

On peut aussi ressentir une émotion rassurante, quelque chose de presque maternel, ou de paternel. C'est une émotion de protection, comme lorsque, enfant, l'on sait que rien ne peut nous arriver, car quelqu'un veille sur nous.

Je pourrais faire l'énumération de plusieurs émotions, mais je préfère que vous découvriez la terre par vous-même. Elle ne portera pas nécessairement le même message pour tous. Elle est là pour vous éveiller et créer un lien entre vous et vos dons. Nous ne la ressentons donc pas de la même façon.

Pendant que vous touchez la terre, tentez de la voir entrer dans vos mains, de la voir entrer en vous. Voyez qu'elle vous transforme en terre. Votre corps deviendra doucement de terre, de glaise, de roc, il sera ferme comme elle. Pensez à vos os qui deviennent aussi solides, vos muscles qui deviennent plus robustes. Devenez l'élément de la terre à mesure que vous la touchez. Laissez-la entrer en vous et faire son travail, c'est-à-dire vous éveiller à vous. Laissez-la vous faire revenir à la source, c'est le meilleur élément pour ce faire.

Demandez-lui directement de vous aider dans votre cheminement. Pensez que vous souhaitez ouvrir vos dons, vous ouvrir à l'univers qui vous entoure par la même occasion et que vous avez besoin de sa force stable.

Normalement, le fait de faire les exercices tous les jours, pendant au moins 10 minutes, crée cette ouverture, ce lien entre nous et l'élément de façon naturelle. Mais puisque vous avez ce livre entre les mains et que vous avez un but bien précis – découvrir vos dons –, nous pouvons lui faire la demande directement afin d'accélérer le processus.

Cela ne vous fera pas avancer trop rapidement. Tant que vous restez dans le positif, les choses évoluent d'elles-mêmes, à leur rythme, alors pourquoi ne pas leur dire clairement que vous êtes prêt à avancer. Vous pourrez d'ailleurs faire cette demande à chacun des éléments.

Pour certains, les exercices ne seront pas réellement nécessaires, puisqu'ils sont déjà en harmonie avec la terre. Il faudra donc simplement se concentrer sur le ou les pouvoirs contenus par l'élément pour éveiller les dons concernés chez soi. Une amie me racontait à quel point elle aime le jardinage, elle a, pourrait-on dire, une passion pour la terre, elle ne peut s'en passer. Lorsque le printemps arrive, c'est alors une véritable expérience de nettoyage. Lorsqu'elle met ses mains dans la terre, elle sent que le mal y descend, qu'elle se nettoie. Après les périodes plus difficiles de l'hiver : la météo pénible, le budget affecté par les dépenses du temps des fêtes, etc., elle se sent renaître lorsqu'elle a enfin la chance d'aller travailler dans son jardin.

Une autre connaissance m'a raconté l'histoire d'une thérapeute s'occupant de femmes traumatisées par des événements très graves, qui les faisait travailler la terre pour les nettoyer de leur passé, exactement comme le fait mon amie. Et cette thérapie était très efficace. Donc, si vous ne sentez pas de don remonter à la surface, faites cette expérience quand même, elle ne peut être que bénéfique.

Jour 33 : Méditation et visualisation

Pour conclure les deux exercices précédents en beauté, ajoutons un troisième plan à notre découverte de la terre. Terminons avec une technique qui fait appel au mental. Nous ferons une visualisation qui nous fait voyager dans les contrées de cet élément.

Avant toute visualisation, assurez-vous d'être dans un endroit calme et paisible, et que vous ne serez pas dérangé.

Vous pouvez choisir de faire une visualisation où vous devenez le grand arbre de la vie (un peu comme dans la technique de l'ancrage). Il est le lien parfait entre la terre et le ciel, donc entre le divin et l'homme. On dit aussi de lui qu'il est en parfaite harmonie avec l'univers puisqu'il plonge dans la terre, se nourrit de l'eau, vit de la chaleur du soleil et purifie l'air.

Vous pouvez vous visualiser étant ou faisant partie de ce grand arbre, mais cette fois en vous concentrant sur vos racines. Voyez votre lien avec la terre, mais de façon très concrète, vous êtes en parfaite symbiose avec elle. Ou encore, vous pouvez utiliser une visualisation qui vous fait voyager. Il faudra cette fois vous voir vous, tel que vous êtes, mais dans des endroits qui représentent bien l'élément terre.

Vous pourriez, par exemple, visiter une immense caverne, ou sinon une toute petite grotte qui ressemblerait plutôt à un terrier.

Il ne faut pas y faire grand-chose, seulement imposer ces images à votre esprit et vous y promener librement. La visualisation n'a pas besoin d'être complexe.

Les forêts et les montagnes sont d'excellents lieux pour rencontrer la terre, autant en personne qu'en visualisation. Pensez aussi à l'odeur que dégage la terre en forêt alors qu'elle est mélangée à celle du feuillage. Ou encore quel parfum elle a après la pluie.

Étrangement, les lieux enneigés entrent aussi dans les possibilités. En fait, c'est surtout le froid qui est en lien avec la terre. N'oubliez pas qu'autrefois, les gens creusaient des trous dans le sol pour conserver les aliments au frais, même en été. La terre est donc ainsi plus près du froid que du chaud.

Si vous en êtes capable, imaginez-vous vivant dans la terre, creusant des tunnels avec vos mains et vos bras, vous faufilant un peu partout. Cela ne sera pas très agréable si vous êtes claustrophobe, adaptez donc la visualisation à votre réalité.

Il est possible que des images ou même des gens s'ajoutent à cette visualisation. L'important est de rester dans le lieu où vous vous trouvez. Ces visiteurs peuvent être des gens qui sont fortement liés à l'élément terre. Sinon, ce peut être l'élément lui-même qui tente de vous parler, de vous faire passer un message. Prenez le temps ensuite de revenir doucement à vous, et laissez les sensations partir sans les repousser.

Surtout, ne vous découragez pas en pensant que vous êtes incapable de créer un lien avec la terre, ou même avec un quelconque élément. Je discutais dernièrement avec une connaissance au sujet des quatre éléments. Elle me confiait ne pas se sentir reliée à la terre du tout, ni même à autre chose. En réalité, elle était plutôt négative et cet état général la rendait incapable de ressentir les énergies. Elle fit des tentatives en lithothérapie, mais sans succès. Les pierres positives (elles le sont toutes, mais certaines sont capables d'aller en profondeur en nous pour nous faire voir nos facettes les plus sombres ; à utiliser avec précaution) ne l'attirent pas. Dans le cas du quartz transparent, rien à faire, elle déteste la sensation. Déterminée à trouver une façon d'entrer en communion avec l'élément terre à travers les pierres, elle tenta alors l'expérience avec un bois fossile (classé parmi les pierres semi-précieuses) et là, elle vibra vraiment avec lui, sans malaise. En travaillant avec lui quotidiennement, il l'a purifiée et lui a permis de vibrer différemment ; maintenant, elle vibre positivement et peut travailler avec n'importe quelle pierre. Du même souffle, elle est maintenant beaucoup plus près de la terre puisqu'elle ne craint plus son pouvoir purificateur. Aussi étrange que cela puisse paraître, elle fait maintenant des recherches sur les chamans et les pouvoirs qu'ils puisent dans la nature, et notamment dans la terre.

Jour 34 : Les dons de la terre

Vous avez probablement déjà essayé quelques-uns des exercices et vous avez ressenti des choses ou vous êtes en attente de résultats. Ces exercices très simples et accessibles conduisent vers l'éveil de vos dons et vous vous demandez probablement lesquels.

La terre fait référence à deux importantes capacités, même si elle peut aussi en éveiller d'autres. Nous avons vu dans la visualisation de l'arbre que nous n'étions pas seulement reliés à la terre, mais aussi aux autres éléments. Ainsi, il est possible que ceux-ci ouvrent quelque chose en vous, sans lien avec la terre.

En fait, tous les éléments sont reliés d'une façon ou d'une autre, il est donc normal qu'ils réagissent même lorsqu'on ne s'adresse pas à eux directement. Nous verrons donc les dons qui sont le plus fortement liés à chaque élément. Même si on croit que l'eau et le feu sont deux contraires, une bonne eau chaude dans un bain l'hiver nous rappelle que ce n'est pas le cas.

La terre contient un pouvoir souvent reconnu par les gens en ésotérisme et par ceux qui ne pratiquent pas. Elle détient le pouvoir du magnétisme et donc de la guérison. Si on pense au magnétisme de la terre, en physique, cela est très clair. Au niveau ésotérique, on le voit différemment. Parfois, cela se reflétera sous la forme d'un énorme charisme. La personne est très attirante, elle nous attire tel un aimant sans que l'on sache pourquoi, et surtout, sans qu'elle ait fait quoi que ce soit pour nous attirer.

Cela se voit aussi à travers les mains chez ceux qui savent nous apaiser en posant simplement une main sur notre épaule. Ceux qui savent donner des massages énergisants, sans même utiliser de technique spéciale. Ceux qui pratiquent des méthodes de guérison, que ce soit directement avec les mains sur l'organe malade ou même à distance.

La terre maîtrise les courants énergétiques. Tous les liens qui sont tissés entre nous et qui nous relient tous. Pensons aux transferts d'énergie entre les gens ou les choses ; à des lieux qui sont fortement chargés en énergie, comme Stonehenge par exemple. Lorsque nous utilisons nos énergies pour aider quelqu'un, lorsque nous envoyons de bonnes ondes, comme on dit parfois, nous utilisons les pouvoirs de la terre et les chemins énergétiques qui la parcourent. On pourrait voir ces derniers comme les veines qui parcourent la planète.

La terre pourra aider tous ceux qui pratiquent les guérisons, soit au niveau du corps, de l'aura, sinon de tous les corps énergétiques, et même au niveau de l'âme, la source même de notre être. La terre est un élément qui représente et contient tout ce que peuvent symboliser les mots fertilité et croissance. Elle détient donc le pouvoir d'ouvrir tous les dons qui s'y rapportent.

Jour 35 : Noter vos expériences

Pour l'exercice de cette semaine, je vous invite à noter tous vos résultats par une description de ce que vous avez fait, vos gestes, vos paroles, et de ce que vous avez choisi d'utiliser. Que ce soit votre état d'esprit ou encore les sensations que vous avez ressenties en faisant ces exercices, notez tout ce qui vous semble pertinent. Le moindre détail, qui insiste pour que vous le notiez, sera utile. Si vous n'avez rien ressenti, repensez à votre état d'esprit et au lieu où vous étiez ; peut-être faudrait-il vous vider l'esprit avant ou encore choisir un endroit plus calme ou agréable la prochaine fois.

Vous devriez avoir ressenti des choses, qui vous seront peut-être très familières ou encore très étranges. Ces sensations n'ont pas besoin d'être évaluées et comprises tout de suite, vous pouvez donc les noter et y réfléchir au fil des jours qui passeront. Votre subconscient fera sûrement ressortir des éléments supplémentaires à mesure que le temps passera.

Si vous êtes conscient de vos dons de guérison, ces exercices servent à accentuer votre force et à vous donner de nouveaux moyens de vous en servir. Les visualisations sont aussi des façons pour l'élément de vous faire passer des messages, alors écoutez bien.

Semaine 8 : Eau

Jour 36 : Toucher et ressentir

Si vous avez des dons de terre cachés, ils vous ont peut-être déjà fait signe, sinon ils ressortiront à mesure que vous ferez les exercices, ou encore avec le temps qui passera. Le premier contact avec l'eau peut être très simple comme il peut être grandiose. Si vous avez l'occasion d'aller en nature, par exemple d'aller à la plage, ou encore d'aller voir des chutes d'eau, profitez-en pour rencontrer cet élément dans toute sa splendeur.

Si cela vous est impossible, vous pouvez utiliser un simple bol d'eau ou encore l'évier. Autrefois, les boules de cristal, celles qui servent à prédire l'avenir, n'existaient pas. Les gens utilisaient simplement une surface miroitante, c'est-à-dire la surface d'un lac ou le plus souvent celle de l'eau qu'on avait versée dans un récipient fabriqué à cet effet. L'eau sert donc, depuis le début des temps, à refléter des images de choses impossibles à saisir autrement. Elle nous présente le monde différemment et nous permet de voir de « l'autre côté du miroir ».

Vous pouvez faire couler de l'eau pour remplir à moitié l'évier et installer une chaise devant. Évitez les éviers métalliques car cela crée trop de reflets. Vous pourriez être distrait par les effets de lumière créés au fond ou encore par votre propre reflet. Sinon, un bol d'eau que vous transporterez dans votre lieu d'entraînement sera parfait.

L'eau doit être de préférence tiède pour être le plus neutre possible face aux éléments de la terre et du feu. On pourra tamiser la lumière afin de moins voir le reflet des objets environnants. Des chandelles peuvent être utiles, sinon, éteindre simplement la lumière de la pièce tout en laissant la porte ouverte pour laisser entrer un minimum de lumière est aussi une bonne méthode.

Prenez le temps de vous détendre un peu avant, puis observez l'eau, voyez-la simplement comme elle est, sans aucune perturbation et sentez-vous de la même façon. Ne pensez à rien de particulier et observez. Lorsque vous serez prêt à passer à autre chose, approchez vos mains de l'élément. Vous pourrez les laisser caresser la surface de l'eau sans y entrer, dessiner des formes sur la surface ou encore les plonger directement dedans.

Faites à nouveau comme l'enfant qui joue dans l'eau. Celui qui ne se pose pas de questions et qui s'amuse simplement. Parfois il reste calme et crée des formes et des vaguelettes, parfois il démontre son énergie et fait éclabousser l'eau. Laissez-vous aller et faites les gestes qui vous parlent le plus. Les dix premières minutes vous paraîtront peut-être plus longues que les suivantes. Vous vous demanderez peut-être ce que vous êtes en train de faire. Laissez passer ces questions et retournez à votre observation de l'eau et à son contact.

Quelqu'un m'a confié avoir essayé l'exercice avec l'eau. Cette personne a choisi un évier comme réceptacle. Elle n'a eu aucune vision ni vécu d'émotion. Par contre, elle a senti son cœur battre très fort dans sa poitrine. De longs et profonds battements, exactement comme lorsqu'on entre en méditation profonde.

Quelques jours après l'exercice, elle a senti ces mêmes battements à nouveau alors qu'elle était chez elle. Ces sensations nous révèlent qu'elle a la capacité de plonger profondément en elle naturellement et que l'eau lui permet cet accès. Dans l'avenir, elle n'aura pas besoin de l'eau pour voir, elle n'aura qu'à revenir à cet état pour activer sa voyance ou augmenter la force de ses perceptions, qu'elles soient empathiques, télépathiques ou autres.

Il n'est pas nécessaire de toucher l'eau cette fois, le contact n'est pas obligatoire. Si vous souhaitez simplement l'observer, ne suivez que cette méthode.

Jour 37 : Lier son énergie

Le niveau que nous voulons atteindre aujourd'hui est très facile à aborder avec l'élément de l'eau car il lui est directement relié. Toutes les émotions sont représentées par l'eau. Elles lui sont d'ailleurs très semblables, elles sont parfois calmes, elles cachent des choses en profondeur, parfois elles éclatent et font beaucoup de ravage.

Nous ajoutons donc l'aspect des émotions à l'exercice précédent. Lorsque vous regarderez l'eau, essayez de vous sentir comme elle. Si elle est calme, accueillez ce sentiment. Si vous la bousculez de vos doigts, tentez de vibrer intensément avec elle.

L'eau représente la dualité, elle est aussi instable et toujours en mouvement. Qu'elle fasse partie d'un lac, elle finira tout de même par s'évaporer, à voyager grâce à un nuage pour aller atterrir ailleurs. Même dans le calme, elle reste active, vivante. Elle sait le mieux faire face aux obstacles, et ce, même au fil des années, car elle sait creuser la pierre et le roc le plus dur.

Lorsque vous tentez de vous laisser imprégner par l'eau, ne vous accrochez pas, il faut plutôt lâcher prise. Elle peut vous apprendre à suivre le courant sans lutter. Elle peut vous apprendre à suivre des routes qui seraient bonnes pour vous mais qui ne vous disent rien au premier abord. Tentez donc d'avoir cette attitude lorsque vous ferez les exercices.

Quand vos mains sont dans l'eau, voyez cette source qui monte en vous, qui traverse vos mains et qui monte dans votre corps. Voyez cette eau partout à travers vous, tout comme votre sang, liquide lui aussi, qui circule dans vos veines. Voyez-la comme un élément nécessaire à votre être.

La société nous apprend à avoir peur de nos émotions et à en avoir honte. Au contraire, l'eau nous apprend à retrouver ces émotions qui, même sans le vouloir, font de nous un être humain. Un être capable de compassion, capable de se donner à lui-même autant qu'il peut donner aux autres. Des émotions qui nous empêchent de rester neutres devant les événements négatifs et qui nous poussent à vouloir changer les choses.

Vous pouvez reprendre contact avec le pouvoir de l'eau, doucement. Laissez-la vous inspirer des émotions, des états d'âme, des souvenirs ou des aspirations futures. Les émotions servent à exprimer des choses ; lorsqu'on les garde trop longtemps en nous, elles deviennent destructrices. L'eau est là pour nous réapprendre à faire évacuer ces émotions.

Pensez à une bonne douche, l'eau qui coule sur le corps de la tête aux pieds et qui nettoie tout. Exprimer une émotion équivaut à la même chose, nous faisons « sortir le méchant » pour ensuite nous en débarrasser. L'eau, donc le pouvoir de ressentir les choses en nous et autour de nous, nous apprend à faire cette purification. Elle ne servira pas qu'à ouvrir vos dons, mais aussi à vous libérer à plusieurs niveaux, alors écoutez-la bien lorsque vous ferez les exercices.

N'oubliez pas que les expériences varient vraiment d'une personne à l'autre. Une autre connaissance me racontait avoir fait l'exercice avec l'eau tous les jours pendant une semaine, mais n'avoir rien ressenti de particulier. Toutefois, doucement, à mesure que les jours passaient, elle rêvait de plus en plus. En fait, nous rêvons tous, mais elle se souvenait beaucoup plus clairement de ses rêves et ils étaient plus riches en histoires et en symboles. Au bout de quelques semaines, elle commença à avoir des rêves lucides. Être conscient qu'on rêve nous permet de faire plusieurs choses. Tout d'abord, de reprendre la maîtrise de notre inconscient, en luttant contre nos peurs, en réalisant nos « rêves » les plus fous. L'eau lui a permis de plonger en elle et depuis elle apprend à décoder les rêves.

Jour 38 : Méditation et visualisation

Nous ferons maintenant travailler notre mental pour atteindre un niveau différent de l'élément Eau. Tout comme pour l'exercice de la terre, nous allons faire une visualisation.

Visualisez l'endroit qui vous plaît le plus. Si vous aimez l'eau, vous pourriez vous voir dans la mer, dans ses profondeurs, flottant au milieu de l'eau, complètement entouré par elle, étant même une partie d'elle.

Certains n'aiment pas l'eau à ce point ou ne se sentent pas à l'aise d'entrer si profondément dans cet élément. Vous pourrez donc vous visualiser sur le bord d'une rivière ou d'un lac. Vous pourrez vous asseoir au bord pour le contempler, voir le soleil ou la lune qui se reflète à la surface. Ou encore, vous voir y nager, savourant chaque caresse de l'eau sur votre peau.

Si vous aimez l'idée de la douche purificatrice, vous pouvez vous voir sous l'eau d'une magnifique chute. Elle peut être située dans l'endroit de votre choix, dans des montagnes ou au fin fond de la jungle. Sentez qu'elle tombe sur vous et qu'elle emporte avec elle tous vos soucis, puis qu'elle vous remplit de joie. Sentez surtout à quel point elle vous inonde avec la même force, la même intensité, et ce, de façon continue.

Il est possible que vous craigniez l'eau. La visualisation peut être modifiée en conséquence. Vous devez vraiment et constamment être à l'aise. Vous pourriez vous voir dans un bateau, tout petit ou immense, si cela vous rassure. Si le bateau ne vous attire pas non plus, il suffit de vous voir sur un quai, tout près de l'eau, mais près de la terre aussi. Pensez à ce qui vous met en confiance. Une douce pluie peut aussi être une bonne visualisation : très délicate, elle permet de refaire connaissance avec l'eau.

Parmi les techniques de protection, on parle souvent d'imaginer une bulle protectrice autour de soi. Cette visualisation est aussi possible avec l'eau, même avec les autres éléments si vous vous y sentez à l'aise.

Visualisez une immense bulle autour de vous. Vous êtes au centre de cette dernière et vous vous sentez bien, à l'abri de tout. Vous flottez dans cet environnement et vous vous laissez bercer par les flots. Cette bulle peut être visualisée autour de vous, très près de votre corps. Ou encore englobant complètement la pièce où vous vous trouvez. Vous pourriez aussi la voir dans un des environnements que nous avons nommés précédemment.

Prenez le temps de savourer toutes les sensations. Ressentez si l'eau est calme ou active, si elle est froide ou chaude, ou encore si des courants la parcourent. Laissez votre esprit vous porter où l'eau veut vous conduire et surtout suivez-la, lâchez prise, laissez-vous aller. L'eau n'a pas besoin qu'on se questionne sur elle, alors ne pensez à rien et laissez-vous guider par vos émotions.

Arrivé à ce stade, que vous ayez obtenu des résultats ou non, continuez à garder l'esprit ouvert, car il y a aussi d'autres choses à découvrir grâce aux pouvoirs de l'eau. Une personne plutôt terre à terre me racontait avoir décidé de faire les exercices simplement pour essayer, sans aucune attente ésotérique. Finalement, le résultat n'est pas un ressenti affiné, ni des visions, mais plutôt une version de sa nature sensuelle qu'elle avait mise de côté depuis trop longtemps. Son besoin de chaleur humaine, d'avoir un contact plus étroit avec les gens qu'elle aime, une ouverture sociale teintée de tolérance sont toutes des choses qu'elle a redécouvertes. C'est ainsi qu'elle a laissé le travail de côté un peu, histoire de retrouver le côté « cœur » de sa vie et surtout de s'occuper de son couple.

Jour 39 : Les dons de l'eau

À la suite de la lecture des pages précédentes, vous avez probablement réussi à faire des liens entre l'eau et les dons qu'elle peut éveiller en vous. En premier lieu, on trouve les intuitions. Ces dernières sont multiples et ne se présentent pas de la même façon. On pourra les ressentir sous forme d'une conviction. On sait que l'on doit faire cela et pas autre chose, et il serait impossible de nous faire changer d'idée.

On peut les ressentir aussi sous une forme plus physique. Par exemple, une sensation au niveau du cœur ou dans le ventre. Quelque chose bouge, un tourbillon d'énergie vibre. Puis, on ressent ce qu'on doit faire dans une situation précise.

Parfois, nous aurons plutôt l'impression qu'on nous murmure quelque chose à l'oreille. On vient de nous dire quelle route prendre, on vient de nous révéler une information sur la personne qui est devant nous. Cela aussi fait partie des intuitions.

Cela dit, l'eau peut aussi éveiller notre capacité d'entendre nos guides et de communiquer avec eux. Que vous croyiez avoir des guides, un ange gardien, ou toute autre entité protectrice, l'eau peut créer un pont entre vous et eux. Pour ce faire, il faudra rester comme cet élément, être une émotion qui ne se pose pas de questions, qui ressent simplement.

Nous avons parlé de l'eau qui agit comme la surface d'un miroir et qui nous permet de voir des choses invisibles autrement. Vous avez sûrement deviné que l'eau pouvait vous aider à développer votre voyance.

Ce don aussi se présente de plusieurs façons : sous forme de flash, une image soudaine ou encore une scène très rapide qui nous passe en tête ; on a vu ce qui allait se produire dans les prochaines minutes. On pourra aussi faire des rêves prémonitoires, voir une scène du futur durant la nuit, qui se réalisera le lendemain, ou parfois même dans les semaines qui viendront.

La voyance pourra aussi se révéler dans les cartes. Tout jeu de tarot, de runes ou autre support pour prédire l'avenir est un outil servant à développer la voyance. Ces outils divinatoires sont tous excellents pour vous entraîner.

Ce don pourra aussi être plus direct encore, car certains sont capables de faire de la voyance pure. C'est-à-dire sans aucun instrument ni support. Cette voyance se vit par des images, des informations, des scènes que l'on perçoit dans son esprit. Un peu comme lorsqu'on imagine intensément quelque chose. Comme si nous avions un écran de cinéma dans notre tête qui nous présenterait un film différent de celui que nos yeux nous offrent sur le monde.

L'eau peut aussi accentuer notre sensibilité, nous ressentons les gens de façon plus intense. Elle nous offre le don d'empathie et elle sait aussi nourrir nos autres forces.

Jour 40 : Noter vos expériences

Pour la fin de cette semaine, je vous invite à noter tous les résultats obtenus en détail.

En observant l'eau, avez-vous vu des choses à sa surface, des formes, des images, des visages ? Qu'aviez-vous envie de faire avec l'eau ? Était-elle agréable ou désagréable ? Avez-vous ressenti des émotions alors que vous jouiez dans l'eau ? Votre esprit a-t-il dérivé vers quelque chose à mesure que le temps passait ? Sentez-vous que, sans le vouloir, elle a fait ressortir des réponses à des questions intérieures auparavant sans réponse ? D'un essai à l'autre, vous noterez probablement que des choses ont changé, il est important d'écrire l'évolution de vos essais aussi.

Si vous avez bien fait les exercices avec la terre et avez poursuivi de la même façon avec l'eau, vous avez acquis la stabilité avant de faire face à vos émotions. Nous rencontrons les éléments dans l'ordre le plus logique afin que les résultats se suivent et vous offrent des réponses et des expériences plus claires.

Il est possible que la terre ait eu un message pour vous au moment où vous en étiez à consulter l'eau. Même si la terre ne fait plus partie de la semaine d'exercices, écrivez tout de même ce dont elle aurait pu vous faire part sur la page suivante.

Semaine 9 : Air

Jour 41 : Toucher et ressentir

Si les résultats n'ont pas été convaincants, ne vous en faites pas, nous aborderons un autre élément qui apporte une expérience opposée à l'eau dès la semaine prochaine. Cette semaine, nous allons faire connaissance avec l'élément le plus difficile à saisir, celui de l'air. Vous pouvez vivre cet exercice de deux façons différentes : comme une expérience beaucoup plus saisissante, ou plus liée au niveau du ressenti.

Si vous avez la chance de vous rendre dans un endroit venteux, ou encore si par bonheur il vente très fort, vous pourrez rencontrer l'élément de l'air sous sa forme la plus intéressante, celle du vent. Il n'y a rien de plus saisissant qu'une journée de grand vent où on se laisse porter par cet air rebelle qui fait autant danser nos cheveux que tous nos vêtements. C'est dans ces moments qu'on le ressent le mieux. Il est doux, puis tout à coup très fort. Il prend une direction, puis soudain une autre.

Si vous le pouvez, placez-vous au milieu du lieu et sentez sur vous la puissance du vent. Sentez son souffle chaud, ou froid, même tiède ou encore changeant qui caresse votre visage. Cette fois, vous pouvez décoder toutes les sensations, même dans les détails.

L'élément de l'air est aussi celui de l'intellect, alors n'hésitez pas à réfléchir sur sa direction, où il a pu passer avant d'arriver à vous et pourquoi il vous fait sentir ainsi présentement.

La deuxième méthode pour rencontrer l'élément de l'air est accessible à tous et en tout temps et est très simple : nous respirons tous et à toutes les secondes. C'est donc dire que nous sommes liés très intimement à cet élément de façon constante. Il faudra simplement trouver un endroit calme et un moment où vous ne serez pas dérangé, puis faites une séance de méditation. Toutefois, au lieu de faire le vide dans votre esprit ou de visualiser quelque chose, concentrez-vous sur l'élément de l'air, donc sur votre souffle.

Prenez le temps de sentir cet air qui entre en vous, qui vient oxygéner tout votre corps. Qui permet de vivre ! Tous les moments de plaisir, toutes nos activités les plus passionnantes sont gouvernées par ce souffle omniprésent.

Puis, voyez cet air qui ressort avec tout ce qui était mauvais en vous, recrachez ce mal à mesure que l'air ressort de vous. Vous pouvez vous amuser à prendre de très courtes ou très grandes respirations et à ressentir l'effet que cela donne sur votre corps et sur votre esprit. Attention à ne pas pousser cet exercice trop loin si vous avez une maladie respiratoire. Répétez pendant une dizaine de minutes. Vous verrez non seulement que vous serez beaucoup plus détendu, mais aussi vous vous rendrez compte que vous venez véritablement de rencontrer cet élément si familier.

La rencontre avec l'air à travers la respiration semble un exercice bien banal, mais il faut savoir que beaucoup de croyances et techniques orientales utilisent des respirations rythmées pour agir sur le corps. C'est un outil précieux. Une connaissance me racontait à quel point elle se sentait ressourcée par les techniques de respiration, mais aussi par le vent. Pratiquant des méthodes de méditation et donc aussi de respiration, elle comprenait l'effet réel que l'air a sur notre corps. Il le réénergise et réactive nos cellules, il le nourrit. Elle me racontait quel bien le vent pouvait lui faire lors de séances de Tai Chi, à l'extérieur par jours venteux. Cette technique ancestrale est bénéfique en soi, mais jamais elle n'avait un effet aussi puissant lorsqu'elle s'entraînait dans une salle fermée. De retour chez elle, sa concentration était complètement revenue, lui offrant ainsi la possibilité de se consacrer complètement à ses études. Étudier dehors est d'ailleurs une excellente idée, on reste en contact avec l'élément le plus explorateur et curieux de tous.

Jour 42 : Lier son énergie

Nous poursuivons l'exercice précédent en lui ajoutant une composante. Cette fois nous allons plonger en profondeur dans l'élément air. Celui qui est si insaisissable et qui ne veut être sondé. En fait, même si on ne peut le voir ni le « toucher », l'air est partout, il est omniprésent. On le retrouve aussi dans chacun des éléments, il est dans la terre, dans l'eau et c'est grâce à lui si le feu vit. Même si on ne réalise pas sa présence, il est tout autour de nous.

Subtilement, il se faufile partout et visite la terre entière. Il va au sommet des montagnes, dans les endroits les plus reculés et les plus cachés. Il est en chaque créature vivante, il caresse tout sur son passage. De l'endroit le plus éloigné jusqu'à nous, l'air existe. Il est celui qui a tout vu, qui sait tout. Il est le grand sage. C'est aussi pourquoi on le lie à l'intellect. Il est capable de réfléchir et donc il est celui qui ne juge pas et ne critique pas. C'est l'élément le plus juste.

Lorsque vous ferez votre exercice de rencontre avec l'air, réfléchissez à tout ce qu'il symbolise, laissez-vous emporter par des questionnements longs et profonds. Prenez le temps de vous poser des questions sur tout et tout le monde, mais sans juger qui que ce soit. Entraînez-vous à être objectif quand vous travaillerez avec l'air.

Sa neutralité est telle que lorsqu'il change radicalement de direction, il ne le fait pas par instabilité comme l'eau, il le fait plutôt parce qu'il a changé d'idée. Il est vif d'esprit, il a eu « un éclair de génie » et il a changé de position rapidement.

Évaluez votre capacité à faire la même chose, à méditer sur des sujets très longtemps ou à changer de position en une seconde. Évaluez votre capacité à faire face aux changements de votre vie. Avez-vous tendance à continuer en sachant où vous aller, comment et pourquoi ? Ou à simplement lâcher prise sur les choses comme le ferait l'eau ? Ce sont tous deux des éléments qui s'adaptent au changement, mais chacun à sa façon. L'air est un changement intellectuel, plutôt qu'un lâcher prise sur les émotions présentes.

L'élément air nous rapproche de notre côté rationnel et de notre capacité à gérer nos émotions. Il ne s'agit pas de les brimer, ni de tenter de les contenir, mais simplement de choisir. On a fait quelque chose qui vous déplaît ? Vous avez le choix de réagir. Si vous êtes fâché, cette émotion peut être exprimée de mille et une façons, c'est votre intellect qui vous permet de choisir au lieu de simplement vous laissez emporter.

Cet exercice, mis en pratique une dizaine de minutes par jour, vous aide à reprendre contact avec votre mental, il vous ramène à croire en vos capacités intellectuelles. Il vous aide à décoder les signes et les messages que vous pourriez recevoir, notamment grâce à l'élément de l'eau.

Il vous aidera à mieux comprendre tout ce que vous ferez pendant les exercices et à mieux gérer vos dons et leur utilisation. Il pourra aussi vous inspirer des méthodes d'utilisation. Ou encore vous redonner votre pouvoir de création.

J'écris aussi des romans, et je peux dire que, malheureusement, l'inspiration ne vient pas toujours lorsqu'on le souhaite. Par contre, je savais que le vent pourrait peut-être me donner un coup de main. Je suis donc sortie alors qu'il ventait très fort. Sur le balcon de mon appartement, je me questionnais sur le déroulement de l'histoire que j'écrivais, sentant le vent dans mes cheveux et tentant d'incarner mon personnage fictif pour comprendre où il allait. Je l'ai vu. J'ai aussi vu tout ce qui l'entourait, les événements qui se produisaient autour de lui et les autres personnages qui discutaient entre eux.

Cette fois, le vent m'a littéralement fait entrer dans mon histoire, mais il pourrait vous stimuler autrement. Il m'a apporté l'inspiration que j'avais perdue depuis des semaines. Tentez de l'interroger et voyez ce qu'il peut vous apporter. On dit souvent « qu'on va aller prendre l'air pour se changer les idées » et c'est tout à fait ce dont il s'agit. Que vous créiez des toiles, que vous chantiez, le vent est très inspirant, il faut vivre l'expérience pour le réaliser.

Jour 43 : Méditation et visualisation

La visualisation de cette semaine arrive en parfait accord avec l'élément air, puisqu'elle utilise les ressources de notre mental. Ce qui est encore plus intéressant cette fois, c'est que nous pouvons choisir le lieu de notre visualisation. L'air est partout, il n'est donc pas nécessaire de trouver un endroit spécifique.

Vous avez donc l'embarras du choix ou encore l'occasion de pousser votre imagination à fond. Vous pourriez vous voir au sommet d'une montagne, le vent dans les cheveux, observant le paysage tout autour, réalisant que c'est l'air qui emplit tout ce qui est autour de vous.

Vous pourriez aussi vous voir dans un grand champ de blé, voir les herbes bouger avec le vent, voir les vagues que cela crée. Il est même possible d'ajouter des détails. En voyant les grains qui peuvent se détacher lorsqu'un fort coup de vent passe. Dans ce champ peuvent aussi tourner des éoliennes. Il est facile ensuite de relier cette vision à tout ce que le vent nous amène.

Avec l'air, vous pouvez créer toutes les combinaisons d'éléments que vous désirez, puisqu'on le retrouve partout de toute façon. Vous pourriez donc vous voir en train de voguer sur la mer, avec un grand vent du nord qui pique les joues. Ou encore sur un bateau qui s'avance calmement lors d'une journée ensoleillée qui fait parvenir jusqu'à vous un vent chaud et cajoleur. L'air est aussi un des éléments les plus neutres, il n'est ni chaud ni froid, il change selon la route qu'il parcourt et les autres éléments qu'il rencontre.

Il est possible de guider vos visualisations pour atteindre des buts spécifiques. Seulement, il faudra le faire après avoir véritablement rencontré les quatre éléments. Ce que nous avons fait durant les semaines précédentes. Par exemple, si vous aimez développer votre côté rationnel face à vos émotions, vous pourriez visualiser que vous êtes dans la mer, capable de respirer sous l'eau. Ainsi, vous absorbez l'air, en petite quantité, que l'eau contient. C'est une façon d'aller chercher le côté rationnel maîtrisé de toutes parts par les émotions, puisqu'il est entouré d'eau. C'est aussi une excellente visualisation pour le faire entrer en vous, vous devenez doucement un avec lui. Progressivement, d'une respiration à l'autre, votre compréhension s'élargit.

Lorsque vous visualiserez, prenez le temps d'en savourer l'effet, d'analyser les effets et ce que vous retirez de cette expérience avec lui. Vous pouvez même faire des comparaisons avec vos essais précédents, ceux que vous avez faits avec la terre et l'eau.

Si vous êtes capable de faire des visualisations très actives, vous pourriez aussi vous laisser flotter dans les airs, vous élever jusqu'au point où vous serez porté par le vent à travers les champs, les montagnes, les lacs et les rivières. Vous traverserez avec lui des endroits normalement inaccessibles, irez découvrir des régions secrètes, vous découvrirez les mêmes secrets que lui, tout en ayant la sagesse de vous en servir comme outil d'évolution. Tout cela fera bien sûr partie de votre imagination, puisque c'est une visualisation, mais les effets et les états d'esprit qui en résulteront seront bien réels.

C'est probablement lorsqu'on est à l'écoute des petites choses de la vie que nous comprenons mieux ses enseignements. Quoique parfois, même s'ils sont trop petits pour être vus par la majorité des gens, ils peuvent être légèrement violents. Une connaissance m'a raconté qu'un jour elle avait marché contre le vent pour se rendre à destination. Ce n'est pas le simple fait de lutter quand même, alors qu'elle aurait pu revenir sur ses pas. Ce n'est pas le simple fait de foncer malgré cette force intense qui la repoussait qui lui fit comprendre plusieurs choses. Tout d'abord, elle était bien plus forte et résistante qu'elle le croyait. Les « t'es une petite nature » résonnaient dans sa tête, alors qu'à ce moment précis elle voyait bien qu'elle était une personne forte. Ce vent qui se pressait contre elle lui rappelait sa détermination à mener à bien tout ce qui lui tenait à cœur. Ce fut finalement la bourrasque mentale dont elle avait besoin pour ouvrir les portes closes de son esprit et enlever les barrières, afin qu'elle puisse enfin ouvrir les dons qu'elle savait détenir, mais qu'elle croyait perdus.

Si cela vous intéresse, il est possible de faire cette expérience en méditant. Visualisez ce vent puissant qui vous pousse et tentez de trouver ce qu'il représente dans votre vie. Vous pourrez probablement mieux cerner la cause de certains problèmes qui vous font obstacle.

Jour 44 : Les dons de l'air

Maintenant que nous avons rencontré l'élément de l'air et que nous avons appris à reprendre contact avec notre côté rationnel et son potentiel psychique, nous pouvons parler des dons qu'il peut ouvrir.

Vous ferez sûrement le lien entre les capacités mentales et les pouvoirs de l'esprit. Il est vrai que l'élément de l'air correspond à tout don qui utilise la force brute de l'esprit humain. Nous pouvons parler de la télépathie, qui est la capacité de communiquer avec une personne, ou même avec des animaux, grâce à la puissance de notre pensée.

La télépathie n'est pas une faculté qui a été étudiée en profondeur par les scientifiques, même si certaines études sont partiellement concluantes. Mais nous pouvons supposer que notre esprit est capable de propager des ondes, probablement similaires aux ondes radio, afin d'envoyer un message à une personne. Cette dernière, si elle est également télépathe, donc capable de décoder les ondes en question, pourrait comprendre ce message. Ainsi, nul besoin d'utiliser les mots, le contact se fait sans utiliser les sons.

Ce don va souvent puiser une partie de sa force dans la volonté propre de la personne, et donc dans l'énergie qu'elle met à accomplir quelque chose. Plus nous sommes convaincus et déterminés, plus la force de notre esprit devient intense et concentrée, et plus nous pouvons utiliser nos dons physiques. Toutes les capacités mentales fonctionnent selon ce principe : capacité intellectuelle et volonté. Il ne reste ensuite qu'à savoir ce que vous souhaitez faire de ce don.

Nous avons fait beaucoup de visualisation pour rencontrer les éléments, mais plusieurs parmi vous utilisez sûrement déjà la visualisation dans le but d'obtenir ce que vous désirez. Par exemple, une nouvelle voiture, ou même simplement gagner à un tirage quelconque.

Les visualisations actives, donc qui donnent des résultats concrets, font aussi partie des dons. Vous êtes en mesure de voir quelque chose mentalement et de faire réagir les énergies et les ondes autour de vous afin que votre souhait se réalise. C'est l'une des capacités de l'esprit.

En développant votre lien avec l'eau, puis avec l'air, vous pourriez arriver à des résultats comme être capable de lire dans les yeux des gens. On dit que les yeux sont le miroir de l'âme et il est vrai qu'ils en disent long. Les dons de l'eau peuvent vous aider à ressentir ce que la personne dégage et à percevoir ce que ses yeux vous disent. Les dons de l'air, eux, pourront vous aider à décoder le message reçu et à le rendre plus compréhensible.

Les dons de la psyché viennent souvent encadrer ceux qui sont plus flous et expliquer des phénomènes qui nous semblaient jusque-là insensés. Lorsqu'on pense à la télépathie, on revient aussi au contact avec les entités, que ce soit nos guides ou même le fait de discuter avec des esprits errants. Ces dons nous ouvrent les portes de l'au-delà, car nous savons parler un nouveau langage.

Jour 45 : Noter vos expériences

Pour la fin de cette semaine, je vous invite à nouveau à noter dans votre journal de bord tous les résultats, bons ou mauvais, de vos exercices. Puisque nous abordons l'élément Air et son côté intellectuel, je vous invite aussi à réfléchir sur votre cheminement. Comment avez-vous trouvé les exercices ? Pourquoi croyez-vous que certains ont fonctionné mieux que d'autres ?

Eh non ! Ne dites pas que vous n'avez pas la réponse. Elle est juste là, écoutez attentivement… C'est une des capacités de l'air que d'écouter les réponses qui sont enfouies en nous, parfois sous des tonnes d'émotions refoulées, parfois sous des mœurs. Vous possédez la majeure partie des réponses à vos plus grandes questions.

Notez ce qui vous vient en tête, sans faire le tri. Il importe de se poser la question, d'écouter et de vivre l'expérience en acceptant le moment présent et en le transcrivant sur papier.

Pour ce qui est des contacts télépathiques, nous tenterons des expériences avec ce don dans les semaines à venir. Je vous invite donc à prendre tout de suite des notes ou à réfléchir sur la personne avec qui vous aimeriez avoir des contacts et celle avec qui vous n'en voulez pas du tout. En disant, par exemple, je ne veux aucun contact avec des humains, mais j'ouvre la porte à mes guides, vous choisissez les portes de votre esprit à ouvrir et lorsque vous ferez les essais, votre don suivra les règles que vous lui aurez imposées.

Semaine 10 : Feu

Jour 46 : Toucher et ressentir

Pour cette dernière semaine d'éveil à vos dons, nous allons rencontrer le quatrième des éléments : le feu. Le feu vient très bien conclure tout le cheminement fait jusqu'ici, vous le verrez à mesure que la lecture de cette semaine avancera.

Il est simple de rencontrer le feu. Si l'on pense à un feu de camp, en camping en amoureux ou encore au chalet entre amis, c'est souvent le feu qui rend la soirée aussi intense. Le feu est hypnotisant et souvent nous passons une partie de la soirée bien concentrés, fixés sur le feu, tout en discutant entre nous sans se regarder. Il sait attirer notre attention et nous captiver.

Rares sont les moments où nous pouvons faire des feux de camp en solitaire. Vous pouvez donc utiliser le foyer de la maison, si vous en avez un. Peu importe le type de foyer, au gaz ou à l'éthanol, l'important est de créer un lien avec le feu. Prenez le temps de choisir le bois et d'allumer votre feu. Regardez le feu grandir et se répandre. Voyez-le se propager sur les autres morceaux, s'agripper à certains pour ne pas mourir. Ressentez sa chaleur et sa force, surtout sa vivacité.

Si, au contraire, il ne s'allume pas, ou plutôt difficilement, observez-le, voyez sa façon de s'éteindre d'un seul coup. Voyez les quelques flammes disparaître en quelques secondes. C'est une autre facette du feu, sa rapidité à grandir et à disparaître. C'est en comprenant cela que l'on se rend compte à quel point il est important de le maintenir toujours au même niveau. Qu'il faut faire des efforts pour qu'il reste en vie.

Si vous n'avez pas de foyer, prenez simplement une chandelle, de la couleur de votre choix, ou blanche, et allumez-la. Prenez le temps de regarder la flamme, de la voir bouger, parfois monter très haut ou danser. Vous pouvez approcher doucement vos mains pour ressentir sa chaleur. Laissez-vous emporter par cette fixation sur le feu et ressentez ce qu'il veut partager avec vous.

Le feu est un élément que l'on ne peut toucher, il est donc plus difficile de faire des exercices du même type qu'avec les autres éléments. Par contre, il ne porte pas la même source en lui et il n'est pas nécessaire d'avoir ce contact pour le comprendre. Nul besoin de passer sa main dedans, ni de marcher sur des braises, heureusement !

La contemplation sera la méthode la plus efficace pour commencer ; analysez ses mouvements, puis regardez-le sans penser à rien. Il arrivera probablement un moment où vous sentirez qu'un lien s'est créé et que malgré la distance qui vous sépare, que vous êtes très proche tout de même.

Si vous avez peur du feu, faites l'exercice avec cet élément dans sa version la plus douce, c'est-à-dire la chaleur. Que ce soit la chaleur du soleil, qui finalement provient du feu, ou encore d'une chaleur produite artificiellement. Prenez le temps de ressentir le bien-être que vous procure cette chaleur, ce sera votre façon à vous de vous rapprocher du feu, sans vous effrayer. Trouver en fait la méthode qui vous convient le mieux et qui est la plus sécuritaire aussi !

Une connaissance me racontait qu'elle était déjà « une flamme dansante », une personne active qui bouge sans cesse. L'exercice consistant à fixer une flamme lui permettait plutôt de se recentrer, elle entrait en transe en regardant la flamme. Dans ce cas, ce n'est pas l'accumulation d'énergie qui entre en jeu, mais bien la concentration. Étant une personne qui bouge beaucoup, lorsqu'elle se lie au feu, elle arrive à faire une pause dans son énergie trop active. Le feu lui permet d'entrer en symbiose avec elle, il canalise ses forces et les concentre en un seul point. C'est une autre façon de faire de la méditation et de se concentrer sur ce qu'elle désire vraiment afin d'envoyer des énergies vers son but et de réaliser ses souhaits. Le pouvoir du feu est lié à notre énergie brute, agissant autant comme un amplificateur que comme un canalisateur.

Jour 47 : Lier son énergie

Il est clair que vous ne pouvez toucher cet élément pour le faire entrer en vous et ressentir les émotions qu'il véhicule. Par contre, vous pouvez vous approcher doucement ou restez concentré en le fixant continuellement pour créer le même effet.

Cette fois, sentez la chaleur qui vous envahit complètement et laissez-la vous entourer telle une étoffe par une froide soirée. Regardez le feu danser et voyez comme il est vivace, comme il s'acharne à vouloir bouger sans cesse, à brûler.

Voyez aussi sa spontanéité et son audace et ressentez-la. Ce sont des émotions qui sont propres au feu. Il est celui qui s'allume soudain, qui se propage partout et qui tente de brûler tout ce qu'il trouve. Voyez la force qui est en lui grâce à ses braises, le courage et la persévérance de son intensité qui continue malgré le fait qu'il soit éteint depuis très longtemps. Il était si vif qu'il a laissé une trace qui prendra des heures à disparaître et qui, de plus, est aussi chaude que lui.

Ressentez l'euphorie et l'extase de partager ce moment de contemplation d'un feu avec plusieurs personnes. Laissez cette émotion douce et rassurante vous parcourir et savourez l'instant, même si vous êtes seul. Laissez cette impression passer en vous comme s'il s'agissait d'un vieux souvenir, d'une nostalgie qui agit comme un baume sur le cœur. Surtout, voyez toute la passion du feu, cette flamme qui est née et qui existera pour une durée très limitée, mais qui malgré tout met autant d'ardeur à exister.

Ressentez la flamme des passions qui sont en vous. Que ces dernières soient des passions oubliées, même éteintes, elles sont là, elles ont laissé des traces. On dit que le phénix, la créature de légende, est un oiseau de feu qui renait de ses cendres. Ce qui a pu vivre avec autant d'intensité ne peut mourir à jamais.

Une passion, quelle qu'elle soit, existera toujours en vous. Elle est source d'inspiration, mais aussi d'énergie. Elle vous redonne de l'espoir dans les temps sombres et vous permet de faire un pas de plus lorsque vous n'avez plus la force d'avancer.

La flamme de la passion est celle qui permet de se dépasser, de faire plus et d'aller plus loin que nous n'aurions pu l'imaginer. Elle est celle qui veut tout brûler sur son passage, principalement tous les obstacles et embûches qui pourraient oser se présenter sur notre route.

Cette flamme est là, quelque part en vous, et grâce à cet exercice, je vous invite à la retrouver, à la rencontrer de nouveau ou encore à la réinviter dans votre vie. Si elle est déjà active, liez-vous encore plus fortement et plus intimement à elle. Elle sera votre force, votre carburant, celle qui fera avancer et évoluer toutes les capacités acquises. Et cela avec force, vigueur, courage et détermination.

Comme nous l'avons vu, le feu ne se trouve pas seulement dans les flammes, mais aussi à travers la chaleur. Une adepte de méditation m'a raconté qu'elle s'était rendue à la piscine, puis au sauna pour relaxer. C'est dans cette chaleur intense que ses idées se sont apaisées. Elle avait quelques soucis, mais elle est entrée dans une sorte de méditation avec la chaleur, et la vapeur (feu et eau chaude) a fait remonter des sentiments à la surface. Elle a d'abord vu des images vivantes, des personnages danser, comme autour d'un feu tribal. Plusieurs visions lui sont apparues, puis elle s'est mise à pleurer. Elle a compris que son couple n'allait plus bien et que pour revivre elle devait passer à autre chose, mais que cela n'irait pas sans remous, ni sans avoir à faire un choix avec courage et détermination. Qualités qui sont propres au feu. L'eau a fait remonter à la surface des émotions qu'elle voulait à tout prix enfouir en elle, tandis que le feu lui a rappelé à quel point elle avait besoin de retrouver sa force vitale. Cette simple sortie lui a permis de faire un ménage émotionnel.

Jour 48 : Méditation et visualisation

Les choix seront multiples pour cette quatrième et dernière visualisation. Vous pouvez choisir de visualiser le feu selon votre niveau de tolérance ou d'intérêt envers cet élément. Si vous craignez le feu, faites une visualisation qui se passera dans un lieu où il fait très chaud, par exemple en plein désert. Vous ressentirez la chaleur sur votre peau, les rayons du soleil qui vous embrasent, le sable chaud qui touche votre peau. Vous ne verrez pas de feu, mais il sera omniprésent.

Vous pourrez ainsi tout de même saisir son essence et le comprendre. Vous pourrez ressentir son intensité, même si cette fois, elle est constante et non éphémère. Votre lien avec le feu sera aussi fort que pour une autre personne, il sera simplement différent et adapté à vous.

Si vous aimez le feu, faites une visualisation où vous êtes en sa présence, notamment devant un feu de camp, si vous habitez en ville et n'avez pas la chance d'en faire un. Voyez-vous dans la forêt ou au campement que vous préférez, avec des gens agréables, ou simplement seul avec vous-même, en toute sérénité.

Si vous aimez l'exotisme, vous pouvez visualiser un peuple indigène qui danse sur un rythme déchaîné devant un feu. Voyez leur joie et leur énergie qui vit de la même façon que ce feu qui est au centre de leur groupe. Ressentez le rythme dans votre corps et voyez les flammes qui dansent comme pourraient le faire de vrais danseurs.

Sinon, ce pourrait être devant un foyer, comme certains ont peut-être pu le faire. Voyez la maison rassurante et ce feu rebelle qui crée un contraste franc dans l'espace. Ressentez la passion du feu et, si vous en avez envie, puisque cet endroit est aussi très souvent associé aux amoureux, vous pouvez visualiser votre couple dans ce scénario.

Que vous soyez seul ou en couple, il est toujours possible de faire référence au feu avec des émotions très intenses. Nous savons que l'amour est souvent associé à la passion, et donc à la flamme de la passion. Vous pouvez donc visualiser la fébrilité du feu avec les personnages de votre choix. L'important est de rencontrer le feu et donc de faire une visualisation qui parle très clairement du pouvoir de cet élément. Tant que votre vision est vive et qu'elle brûle fortement en vous, l'effet recherché se produira.

Si vous adorez le feu, vous pouvez voir que le feu touche votre peau, puis qu'il s'avance sur vous, sans vous faire le moindre mal, de la même façon que vous avez pu visualiser les autres éléments entrer dans vos mains et vos bras alors que vous les touchiez. Voyez qu'il entre dans votre chair et qu'au lieu de la brûler, il se lie totalement à elle. Voyez que vous devenez vous-même ces flammes. Un être humain de feu, qui brûle de passion et qui consume une source inépuisable d'énergie vivace.

Ne vous en faites pas si vous n'avez obtenu aucun résultat avec la chandelle. Une amie proche me confiait qu'il ne s'était rien passé avec cette méthode. Par contre, lorsqu'elle tenta la même chose avec la visualisation, elle ressentit quelque chose de très fort. Elle sentit la chaleur parcourir tout son corps. Cela l'intrigua. Ne sachant pas si elle s'inventait des histoires ou non, elle regarda ses mains. Elles étaient rougeâtres. Non, il n'y avait donc aucune hallucination ni déformation de ses perceptions. Intriguée, elle vérifia aussi ses pieds qui étaient aussi plus rouges qu'à la normale. Bien sûr, ses membres n'étaient pas rougis, mais seulement teintés de rouge et ils dégageaient de la chaleur. Elle sentit une énergie comme elle n'en avait pas senti depuis un bon moment, elle ne fut pas fatiguée ce soir-là et put accomplir les tâches qui lui tenaient à cœur. Elle avait retrouvé une partie de son énergie, de son carburant.

Jour 49 : Les dons du feu

Quels dons le feu peut-il ouvrir en nous ?

En fait, le feu n'est pas directement lié à des facultés particulières. Il en est plutôt la source et le carburant. Vous pourriez avoir une voiture extrêmement performante, avec les ajouts les plus onéreux et les plus efficaces, mais si vous n'avez pas de carburant, comment la ferez-vous avancer ?

On pourrait toujours la pousser, ou encore la tirer avec une dépanneuse, mais elle n'avancerait jamais d'elle-même et nous aurions toujours besoin de faire beaucoup d'efforts pour très peu de distance. Cela dit, le feu rallume la flamme en nous, celle qui permet de nous dépasser, qui nous fait croire, qui nous redonne espoir. Cette même flamme qui redonne du courage et qui pousse à toujours progresser. Elle est l'énergie requise pour réussir à utiliser nos dons.

Le feu nous permet de lutter et de rester debout malgré les épreuves. C'est un entraîneur qui nous dit de ne pas lâcher, qui nous fait vivre intensément, car il sait que la vie a un début et une fin, comme tout feu.

Si cette flamme ne brûle plus depuis des années, il faudra sûrement trouver le moyen de la rallumer. Pour ce faire, vous pourriez réfléchir à la situation durant des heures, des jours et même des mois. Cette fois, des aides vous accompagnent. Vous pouvez demander à la terre de vous aider à retourner dans ce passé où la flamme brûlait fortement en vous. Vous pouvez demander à l'eau de vous montrer ce qui donnait autant d'énergie à votre flamme, puis de vous montrer ce qui pourrait vous aider à la retrouver. Vous pouvez ensuite méditer et évaluer ces images ou sensations grâce à l'air, pour ainsi retrouver ce feu qui est en vous.

Cette fois, je ne parle pas de la flamme de l'amour, mais bien de celle de la passion, même de vos passions. De tout ce qui peut vous faire vibrer. Vous savez, ces petites choses qui font qu'au matin, alors que le réveil sonne et que nous sommes encore fatigués, nous ouvrons les yeux grand d'un seul coup. Ces choses qui savent dissiper la fatigue et l'ennui instantanément.

C'est de cela qu'il s'agit, ces choses ou moments savent donner du carburant à votre flamme et, pour cette raison, il faut les cultiver. Découvrir vos dons est une excellente raison de nourrir votre flamme, même si profiter de la vie est ce qui devrait passer en premier. La meilleure des raisons, mais que nous oublions trop souvent en raison de nos obligations.

Même si la flamme en vous est toute petite, ne vous en faites pas, ce cheminement vous aidera à la faire grandir. Soyez simplement conscient qu'elle est là et restez ouvert à ses signaux. Elle prendra de l'ampleur à mesure que nous avancerons et vous le constaterez à travers les prochains exercices.

Jour 50 : Noter vos expériences

Pour ce dernier exercice d'éveil, je vous invite à noter dans votre journal de bord toutes les réflexions qui vous sont venues durant la dernière semaine. Il est certain que ces exercices, ou le simple fait de lire sur la passion, si vous avez réservé les exercices pour le vendredi seulement, vous ont inspiré beaucoup. Que ce soit des images, des idées, des sensations ou des souvenirs, notez tout. Bien sûr, il faut aussi noter vos résultats plus précisément, par exemple notez la méthode choisie, la visualisation et les résultats.

Allez-y selon votre inspiration et si vous avez encore de la place, notez vos passions. Écrivez toutes les choses qui vous font vraiment vibrer et qui savent vous redonner de l'énergie lorsque vous n'en avez plus. Il est préférable d'éviter de nommer des personnes, puisque nous recherchons cette flamme en vous et non chez d'autres. Il vous faut être capable de la rallumer par vous-même. Toutefois, vous pouvez noter des événements ou des endroits où il y a des gens, même des réunions de personnes. Ces moments peuvent être répétés, même si les gens ont déménagé ou sont simplement inaccessibles.

En rencontrant ces éléments, vous aurez retrouvé des parties de vous oubliées ou mises de côté délibérément. Ou encore vous avez découvert des facettes cachées. Nous pourrons maintenant passer à des exercices pratiques qui vous indiqueront clairement quels sont vos dons.

N'ayez crainte si vous ne ressentez rien présentement. Le temps doit aussi faire son travail. Il suffit de laisser la porte ouverte et d'accueillir ces passions qui remonteront à la surface. Il se peut aussi que cette ouverture permette de faire naître de toutes nouvelles passions en vous. Faites donc les exercices sans attente et garder l'œil ouvert pour la suite.

Récapitulons

Le pouvoir de chacun des quatre éléments peut réveiller en nous des ressources inexplorées : nos dons.

L'élément Terre nous ramène à la source, nous redonne l'équilibre, nous connecte aux énergies environnantes ainsi qu'à notre pouvoir de guérison.

L'élément Eau vient toucher notre côté émotionnel, il nous met en lien avec nos intuitions et notre don de voyance et nous aide à percevoir ce que nous ne pouvons ressentir normalement. Il développe notre sixième sens.

L'élément Air interpelle nos facultés intellectuelles, notre force psychique qui est la puissance brute de notre esprit. Il vient toucher à des capacités qui nous semblent inaccessibles, comme la télépathie.

Finalement, l'élément Feu, carburant et énergie vitale qui vient activer tous les pouvoirs que nous avons vus précédemment, nous rappelle que nous sommes vivants et que nous devons brûler de passion pour ce qui nous inspire le plus. Mais surtout, que nous ne devons pas laisser mourir la flamme de ces dons qui vit en nous.

· C'est ainsi que nos dons, maintenant éveillés, ou sur le point d'éclore, sont prêts à passer à l'étape suivante, qui est celle de la pratique.

Troisième partie

Expérimentation

Introduction

Au cours des prochaines semaines, nous verrons des exercices pratiques aux résultats concrets. Ce sont des techniques que les gens expérimentés utilisent déjà ou des méthodes d'entraînement reconnues. Vous pourrez trouver d'autres exercices par la suite ou même en inventer selon vos résultats. Nous verrons les méthodes qui ont le plus de chance de réussir.

Chaque semaine sera basée sur un don particulier. La semaine prochaine, nous verrons toutes les techniques qui peuvent aider à développer la voyance, mais aussi comment nous en servir. De cette façon, nous dévoilerons sept domaines, qui peuvent toucher à plusieurs dons à la fois. Nous toucherons aux dons en lien avec la voyance, le magnétisme, la communication avec l'au-delà, les intuitions et l'instinct, la guérison, les pouvoirs psychiques ainsi que d'autres dons qui touchent à des domaines connexes.

Après cette lecture, vous aurez fait un tour complet et général de vos capacités et de ce qu'elles peuvent vous offrir.

Partons dès maintenant à leur recherche.

Semaine 11 : La voyance

Jour 51 : Voyance simple

Cette semaine, nous explorerons le domaine de la voyance et plusieurs de ses facettes. Nous entrerons dans l'univers des visions, des flashes, de ceux qui savent voir l'avenir et qui, parfois, le voient clairement ou le ressentent simplement. Nous entrerons dans le monde des visionnaires, des gitanes et des devins. Vous aussi vous pourrez entrevoir l'avenir grâce à des méthodes toutes simples.

Je vous invite à lire chaque page, chaque jour de la semaine, sans faire les exercices. Prenez le temps de réfléchir sur ces méthodes pratiques, de ressentir ce qu'elles vous inspirent. Puis, vous choisirez, à la fin de la semaine, l'exercice qui vous plaira.

Le premier essai est donc très simple. Pour s'entraîner à la voyance, rien de mieux que de l'essayer et de la tester. Il n'est pas nécessaire d'avoir des instruments divinatoires, ou encore d'ambiance particulière.

Prenez un jeu de cartes, que vous soyez seul ou en groupe, et tentez de deviner quelle sera la carte suivante. Au début, tentez simplement de deviner si elle sera rouge ou noire. Puis s'il s'agit d'un trèfle, d'un pique, d'un carreau ou d'un cœur.

Ensuite, s'agit-il d'un valet, d'une reine ou d'un roi ? Allez-y progressivement jusqu'au plus difficile. Tentez de voir au travers de la carte placée devant vous, comme si vos yeux pouvaient la percer. Si vous la tenez à la hauteur de vos yeux, tentez de vous projeter, de vous voir assis de l'autre côté de la table et tentez d'identifier la carte.

Vous pouvez aussi l'amener à entrer dans votre esprit pour mieux la voir. Ainsi, elle y projettera son image. Toutes ces méthodes sont bonnes, il suffit de trouver celle qui vous convient.

Tentez de savoir ce qu'un ami dira lorsqu'il entrera chez vous. Quels gestes fera-t-il en premier ? Quelle histoire palpitante ou dramatique vous racontera-t-il durant la soirée ? Tentez de voir cette personne dans votre esprit, questionnez-vous à ce sujet, puis laissez-la agir. Tout comme si elle faisait partie d'un film qui jouait sur votre écran mental. Ceux qui aiment les enfants pourraient aussi s'entraîner à deviner si un enfant à naître sera un garçon ou une fille. Certaines personnes sont déjà capables de le faire. C'est une forme de voyance.

On peut tenter de prédire le résultat d'une épreuve sportive, dans la mesure où l'on n'est pas trop partisan, ce qui pourrait fausser les résultats. Tous les événements à venir peuvent être vus, vous pouvez donc fixer votre esprit sur ceux de votre choix. Par contre, il vaut mieux faire vos essais avec des événements qui ne vous touchent pas émotivement. Des émotions trop intenses pourraient fausser vos visions.

Tentez donc d'analyser des choses sans piste précise ni indice. Par exemple, on ne tentera pas de deviner la fin d'un film s'il est truffé d'indices tout au long de l'histoire. Notez bien vos résultats, ce qui vous permettra de savoir quelle méthode est efficace et sur quoi votre voyance porte. Nous pouvons tous voir l'avenir, de différentes façons, à vous de trouver votre voie.

Prenez le temps de chercher le support de voyance qui vous convient et de faire plusieurs expériences, car certaines visions de l'avenir sont vraiment très belles. Une dame me racontait un jour que, dans sa jeunesse, seul l'amour lui importait. Étant aussi très sensible et ouverte aux énergies, elle avait appris à lire les cartes. Elle leur demandait de lui montrer l'homme de sa vie. Elle recevait la même réponse, que ce soit en cartomancie, en méditation ou même en voyance pure. Pourtant, aucun nouvel homme rencontré ne correspondait à son futur bien-aimé. Elle vieillissait et ne rencontrait jamais « le bon ». Jusqu'au jour où elle reçut une invitation-surprise d'une personne qu'elle n'avait pas vue depuis plusieurs années. Lorsqu'elle a posé les yeux sur l'homme, elle a su que c'était lui ! La dernière fois que je lui ai parlé, ils venaient d'emménager ensemble et filaient le parfait bonheur. On peut voir, mais il faut aussi être patient.

Jour 52 : Écran mental

Aujourd'hui, nous tenterons d'accentuer cette impression d'écran mental. Les gens qui savent voir, que ce soit l'avenir, ou encore tout simplement qui voient au-delà des perceptions, le connaissent.

L'écran mental se situe derrière les yeux, pour plusieurs il est au centre de la tête. Il nous présente les choses d'une façon différente en superposant des images sur ce que nos yeux voient. Lors d'une voyance, c'est lui qui apparaît à nos yeux le premier. D'ailleurs, il reste toujours beaucoup plus actif lorsque nos yeux sont ouverts. Il est possible de recevoir des images mentales pendant les méditations, mais elles ne montreront pas toujours l'avenir. Elles représentent aussi des symboles, des messages personnels à décoder.

Les yeux servent à voir. Regardez donc, mais tout en consultant votre écran mental. Ce qui vous permet de vous assurer que vous n'imaginez pas les choses. En fixant un objet, on reste concentré sur lui, et il est beaucoup plus difficile de voyager dans son esprit lorsqu'on a une image concrète sous les yeux.

Afin de vous entraîner, prenez un objet simple, mais chargé d'une énergie ou d'une impression quelconque. Par exemple, lorsque je « regarde » mon écran d'ordinateur, je ne vois pas que le plastique et la surface, je ne vois pas que mon texte ; je vois aussi le fait qu'il m'apporte des bonnes et des mauvaises nouvelles de mes amis. Qu'il me montre des endroits que je ne pourrai probablement jamais visiter, et donc il me fait vivre des émotions autrement jamais ressenties. Plus je le regarde, plus je vois que c'est en partie grâce à lui que j'ai fait autant de chemin, que j'ai pu trouver des réponses à autant de questions. Grâce à mes recherches et au partage avec les autres. Plus vous regarderez cet objet avec votre écran intérieur, plus vous verrez de choses. Plus ces choses iront loin, plus vous vous sentirez loin de la réalité. Parfois le retour sera étrange, car vous aurez atteint des niveaux de perceptions plutôt intenses.

Prenez la photo d'une personne, peu importe qui elle est. Regardez cette photo avec les yeux de votre voyance et laissez-vous imprégner par les images intérieures qui s'en dégageront. Vous pourriez atteindre un stade où votre écran mental est aveugle, mais où vous ressentez la personne. Des mots peuvent aussi vous passer en tête : joie, solitude, éloignement, crainte, excitation. Ne tentez pas de les analyser, notez-les rapidement. Chaque fois que vous regarderez une photo, tentez d'aller encore plus en profondeur.

Si c'est possible, tentez d'obtenir la photo d'une personne que vous connaissez à peine et regardez-la avec intensité pour ressentir et voir qui elle est. Lorsque vous rencontrerez cette personne, essayez de voir ce qui correspondait à votre ressenti. Si vous le pouvez, tentez aussi d'obtenir les commentaires de gens qui côtoient cette personne ; parfois la photo ne dévoilera pas tout, mais ses amis pourront confirmer vos impressions.

Cet écran mental permet les visions, mais aussi les « flashes », ces sortes de courtes scènes ou images rapides qui passent dans notre esprit. Une connaissance me racontait qu'elle voulait se lancer en affaires avec un vieil ami. Par contre, elle me confia aussi avoir eu plusieurs flashes sur son associé, elle voyait des problèmes. Pourtant, il était expérimenté, son entreprise n'avait pas de problème de liquidités. Mais elle continuait à avoir des flashes. Finalement, elle refusa son offre d'association, non sans peine, car elle ne pouvait plus lutter contre ses visions. Plus tard, elle se rendit compte qu'il ne gagnait pas vraiment sa vie, mais qu'il devait de l'argent à plusieurs personnes. En fait, il était endetté. En acceptant de se lancer avec lui, elle aurait vécu la galère totale, car elle se rendit compte que d'autres éléments étaient aussi problématiques. Finalement, même si c'était une dure épreuve, elle se félicita d'avoir écouté ses visions.

Jour 53 : L'élément Eau

Revenons sur un exercice passé efficace. Nous avons déjà fait des exercices avec l'eau afin de retrouver nos dons de voyance et d'augmenter nos ressentis.

Cette fois, vous referez l'exercice, mais avec un véritable instrument de divination : la boule de cristal. Reconnu et réputé, cet instrument n'est toutefois pas le plus efficace. La boule de cristal est généralement assez onéreuse, mais si vous avez le goût de vous offrir ce petit plaisir, allez-y. Elle vous apportera une vision différente.

Si vous possédez un objet de verre de forme sphérique qui tient bien en place, vous pourriez aussi l'utiliser ou encore le remplir d'eau, ce qui augmentera ses capacités de divination. Une belle cruche d'eau, de bonne transparence, fait aussi l'affaire ; sinon, un bol d'eau ou un évier. Une assiette assez profonde pour contenir de l'eau est très intéressante aussi, elle offre une surface large et différente. On trouve aussi sur le marché des miroirs noirs. Si vous vous sentez à l'aise avec cet instrument, faites-en l'essai.

Peu importe que vous puissiez vous procurer ou non un instrument de voyance, l'évier reste le plus accessible. À quelques reprises, j'ai dû faire un choix très important. Je devais emprunter un chemin de vie ou un autre, point. Aucune zone grise entre les deux. Ne sachant que faire, j'ai consulté l'eau. Ce qui donne des conversations très rigolotes. « Oh ! non, je ne sais pas quoi faire, je crois que je vais devoir aller consulter mon évier. » Imaginez la surprise de l'interlocuteur. Et encore plus la mienne, en me rendant compte, des mois plus tard, à quel point j'avais puisé très profondément en moi pour trouver la bonne réponse. Je devais choisir entre deux emplois, les deux étaient très intéressants, chacun à sa façon. Impossible de peser les pour et les contre. Finalement, j'ai rencontré des gens formidables dans l'emploi que j'ai choisi et comme par « hasard » une dame est venue travailler pour nous, à contrat, pour quelques semaines. Elle m'a raconté, à la cafétéria, à quel point son ancien patron était « un peu troublé mentalement ». Il s'agissait en fait du poste que j'avais refusé ! Quel soulagement de savoir que j'avais fait le bon choix ! Quelle bénédiction d'avoir pu consulter l'eau !

Donc, peu importe ce que vous aurez sous la main, soyez confiant, l'exercice sera très simple. Placez-vous dans une ambiance calme et propice à la réception d'image. Vous ne devez pas avoir d'idées ou d'émotions qui vous referment sur vous, par exemple des émotions de solitude ou de colère.

Prenez le temps de fixer l'objet. Laissez-vous tomber dans une sorte de contemplation où plus rien n'importe, sauf vous et l'objet divinatoire. Le reste du monde disparaîtra lentement autour de vous, jusqu'à ce que tout devienne noir et que seul existe l'instrument de voyance. Le centre deviendra probablement flou et vous verrez peut-être des nuages s'y promener de gauche à droite, même tourbillonner. Ils se disperseront et laisseront place à des lumières.

Sinon, il se peut que les nuages restent et forment des images. Un peu comme les nuages dans le ciel, qui prennent toutes sortes de formes. Ces images nous apparaissent sous forme de symboles ou encore elles nous inspirent des émotions. Il faudra donc autant regarder que vous laisser envahir par les sentiments qui tenteraient de passer.

Chaque image aura une symbolique différente pour chacun. Plusieurs séances seront nécessaires avant de bien comprendre ce que vous voyez et de décoder ces images. Vous devrez percer à jour votre propre langage intérieur. Si vous trouvez cela difficile, laissez-vous simplement guider par les impressions, sans tenter de les interpréter. Elles veulent probablement vous inspirer et elles vont toucher les cordes sensibles qui savent réagir de la bonne façon.

Jour 54 : Supports divinatoires

Certains s'y attendaient probablement et cela est aussi très logique, les supports de divination permettent de s'entraîner à la voyance. Le support le plus connu reste le tarot, c'est celui dont on parle lorsqu'on dit « qu'on va se faire lire les cartes ». Il est vrai que ce jeu est très ancien et qu'il donne aussi de très bons résultats.

Même s'il en existe plusieurs versions, le tarot de Marseille est l'ancêtre de tous les jeux. Il évoque des images et des idées qui rejoignent à peu près tout le monde. Ainsi, chacun peut se sentir concerné et y trouver des messages.

Les runes permettent aussi de percer les secrets de l'avenir, mais donnent des conseils. Les runes sont très anciennes et viennent des pays nordiques et ont traversé le temps, non sans remous et combats.

Les runes servent à prédire l'avenir, à nous montrer le chemin tracé. Elles nous préviennent que notre destinée est encore entre nos mains, mais que la voie suivie donnera un résultat précis.

Ces conseillères divinatoires sont aussi très sages. Parfois, elles ne répondent pas clairement aux questions, car elles savent que vous devez cheminer encore un peu. Parfois, elles se contentent de donner des conseils tout en vous laissant le choix. Les runes sont un outil divinatoire qui gagne en popularité. Tentez de voir quel instrument, entre les tarots et les runes, vous convient le mieux.

Il existe aussi des oracles. Ces derniers ressemblent parfois aux tarots, mais ils proposent des définitions et des symboliques traditionnelles. Leurs créateurs sont souvent des gens qui ont longtemps travaillé en divination et qui ont trouvé que le support utilisé était imparfait. Ainsi, ils ont créé des cartes plus variées et touchant à des domaines plus vastes de la vie, ou au contraire, plus précis.

Les cartes, placées devant vous, portent déjà des symboles, des définitions. Elles renferment un message. Elles réussissent à nous parler vraiment de l'avenir grâce à l'interprète. Avec le même jeu de carte et le même tirage, il est facile de faire une dizaine d'interprétations différentes. Tout dépend de l'utilisateur et de ses perceptions.

Les cartes vous donneront des pistes à suivre, vous inspireront des idées qui vous conduiront plus loin que sans leur apport.

Avec elles, votre don de voyance vous amène au bout du chemin. Choisissez un jeu qui vous attire énormément, avec des images qui vous inspirent ou qui vous touchent beaucoup.

Jour 55 : Choisir et noter ses expériences

Pour ce premier exercice pratique, je vous invite à faire votre choix parmi les méthodes proposées cette semaine. Prenez le temps de bien évaluer votre intérêt, votre attirance et votre curiosité pour cette méthode. Celle qui touche quelque chose en vous sera la bonne. La voyance est reliée à l'eau et aux émotions, fiez-vous donc beaucoup à ce que vous ressentez. Notez la méthode choisie et les résultats que vous avez obtenus.

Les tarots, les runes et les oracles tiennent un discours différent et vous n'aurez pas la même facilité avec l'un ou l'autre. Il faudra essayer, puis essayer encore avant de trouver l'outil divinatoire le plus performant. Il existe aussi d'autres jeux, par exemple les Oghams, qui nous viennent des Celtes. Des jeux basés sur l'astragalomancie, la divination par les os ou les dés, peuvent aussi ouvrir une porte.

Quoi qu'il en soit, l'intérêt des runes, c'est qu'elles ne sont pas simplement utilisées en divination. Elles servent aussi à attirer de bonnes choses sur vous, à influencer les énergies environnantes. Ainsi, elles vous aident à vous protéger et peuvent même servir de talismans. Pour ceux qui préfèrent un jeu avec plus d'une utilité, les runes ont un avantage.

Il est possible que votre jeu divinatoire ne vous adresse plus de messages, qu'il ne réponde plus à vos questions. Dans ce cas, laissez-le simplement de côté, fermez les yeux et interrogez-vous. Elles ne répondront plus lorsque vous aurez la capacité de trouver les réponses en vous. Car, rappelons-le, ces supports physiques ne sont là que pour entraîner votre don de voyance.

Semaine 12 : Magnétisme

Jour 56 : Avec une personne

Cette semaine, nous verrons le pouvoir du magnétisme. Bien que celui-ci puisse être appliqué de façon plus large, généralement nous étudions le magnétisme des mains. On peut alors penser aux guérisseurs qui imposent les mains, soit sur le front, soit directement sur le membre à soigner. Avec de l'entraînement, vous apprendrez vous aussi à utiliser cette force présente en vous.

Nous verrons des techniques et exercices qui permettent d'entraîner et d'utiliser ce magnétisme. Nous commencerons avec une méthode toute simple, c'est-à-dire que nous allons nous essayer au magnétisme, tout simplement. Vous aurez besoin qu'une personne vous accompagne dans cette découverte. Prenez soin de choisir une personne qui est en harmonie avec vous et dégage de bonnes énergies, car vous ressentirez ce qu'elle dégage et il s'agit de vivre une expérience agréable.

Placez-vous face à face, placez vos mains devant vous, la paume tournée vers votre compagnon d'exercice, qui fera de même. Ainsi vos mains seront très près les unes des autres, sans se toucher.

Prenez le temps de bien sentir la chaleur ou l'énergie qui se dégage des mains de votre ami. Lorsque vous sentirez un contact, sans que vos mains se touchent, vous pourrez tenter des mouvements. Par exemple, déplacez vos mains sur le côté et sentez le lien entre vous qui s'éloigne aussi. Éloignez vos mains et rapprochez-les pour sentir l'intensité entre vous, pour sentir l'énergie s'écraser entre vos mains à mesure que vous les rapprochez.

Vous pouvez y aller plus précisément encore. Tentez de prendre l'énergie des mains de votre ami en tirant doucement. Faites comme si vous pouviez la pincer du bout de vos doigts et tirer dessus, puis remettez-la en place. Demandez ensuite à votre compagnon de faire de même.

Toutes sortes de sensations peuvent apparaître, par exemple des picotements, de la chaleur, de la vibration, ou encore un effet de douceur comme de la ouate. Si vous le pouvez, tentez l'expérience avec différentes personnes. Vous ressentirez beaucoup de variantes, même si les exercices restent les mêmes.

Lorsque vous vous sentirez à l'aise avec ces sensations, répétez l'expérience sur le corps de la personne. Par exemple, demandez-lui de se coucher sur le dos, sur une surface confortable. Puis, passez vos mains au-dessus d'elle et tentez de ressentir l'énergie dégagée.

Il est possible que vos mains aient tendance à vouloir s'arrêter à certains endroits qui peuvent être des régions très énergétiques, ou encore des endroits malades. Vous le saurez par les sensations dans vos mains. Tentez également de bien vous concentrer sur l'énergie de vos mains, puis de relâcher cette concentration. Demandez à votre compagnon qu'il vous décrive s'il ressent des variations.

Cette technique permet de trouver des maux physiques, autant que des maux énergétiques. En repassant régulièrement vos mains sur ces endroits et en vous concentrant sur la guérison, vous pourrez soigner ces régions. Vous pourrez ainsi apaiser un mal de dos ou calmer un mal de tête ; sinon réénergiser un organe qui manquait de force pour se défendre contre la maladie.

Même si vous excellez en magnétisme, ne remplacez jamais un diagnostic médical par des traitements énergétiques. Votre santé est importante. Si vous ressentez un malaise qui persiste, consultez immédiatement un médecin. Cette technique ne sert pas à guérir de grandes maladies, comme les cancers, mais à soulager des maux légers, en plus d'aider à conserver une bonne santé.

Je rappelle souvent qu'il faut garder l'esprit ouvert sur les utilisations possibles d'un don et se laisser inspirer. Le magnétisme ne sert pas qu'à guérir des maux physiques. L'ayant tenté à quelques reprises sur le chakra du cœur, j'ai compris qu'il permettait aussi de soulager les maux émotionnels. Après une querelle, après un jugement ou une critique reçue, après toute blessure faite aux sentiments, il suffit de placer les mains sur soi ou à environ 3 cm et de visualiser une énergie réconfortante et enveloppante, presque affectueuse. Étrangement, ce n'est que des années plus tard que j'ai su qu'on utilise cette position des mains dans le Reiki. Exactement pour traiter les mêmes symptômes. Pourtant à l'époque, c'était simplement quelque chose qui m'avait été inspiré.

Jour 57 : Magnétiser un objet

Le magnétisme de vos mains sert à détecter et à décoder les énergies des gens, mais il peut aussi s'exercer sur des objets qui ne dégagent pas d'énergie propre. Il est possible de magnétiser des objets dans un but précis. Il se produit alors plusieurs choses, dont l'augmentation de la durée de vie de l'objet.

Essayez avec un fruit, par exemple une banane. Vous saurez rapidement si vos essais sont fructueux ou non. Chaque jour, prenez le temps de placer vos mains au-dessus de la banane. Restez simplement concentré sur le fait que vous désirez la magnétiser, lui donner de l'énergie.

Lorsque vos mains seront au-dessus de la banane, vous sentirez probablement de l'énergie entre vos mains, soit une force naissante et très présente. Il est possible que vous ayez l'impression qu'il y a véritablement un objet réel entre vos mains. C'est signe que vous êtes bien concentré et que votre tentative de magnétisme fonctionne.

Dès la première tentative, placez une autre banane, à la même phase de mûrissement, au côté de la première. Elle servira de témoin. Si les deux bananes semblent mûrir de la même façon, tentez vos essais sur le fruit qui mûrit plus lentement ; il vous faut probablement plus de temps pour obtenir des résultats concluants.

Plusieurs ouvrages expliquent que les aliments ainsi magnétisés durent plus longtemps, mais sont aussi plus nourrissants. Cela dit, vous pouvez aussi refaire cette expérience sur vos animaux de compagnie. Vous pourrez voir leur santé s'améliorer et ils seront aussi plus énergiques, plus vivants. Il suffira de vous concentrer quelques minutes par jour, lorsqu'ils dorment, afin de ne pas briser votre concentration.

On peut aussi magnétiser un objet afin de le rendre plus attirant. Par exemple, si vous possédez une bijouterie, tentez de magnétiser un bijou. Faites-le sur l'un des moins populaires et voyez s'il semble mieux se vendre depuis que vous l'avez magnétisé. Vous pouvez aussi magnétiser un collier avant de l'offrir à une personne que vous aimez. Il sera plus énergétique qu'un simple cadeau et il agira positivement sur la personne.

Certains portent des bijoux magnétiques dans le but de repousser les énergies négatives et de conserver une bonne santé. Il n'est pas nécessaire de porter des aimants, vous pouvez magnétiser vos bijoux de façon plus naturelle et personnalisée. Lorsque vous aurez fait vos premiers essais et que vous verrez les premiers résultats, vous pourrez entrevoir de plus en plus d'utilités et penserez à plus d'objets à magnétiser. N'hésitez pas à faire des essais et à noter vos résultats.

Ce qui me rappelle une anecdote. Au travail, un jour, un collègue faisait rouler dans sa main une boule de bois sculpté. Tout en discutant, il me la remet. Il me demande de la toucher aussi et de lui dire ce que je ressens. C'était vraiment étrange, je ressentais un calme, une inspiration, mais aussi un état profond, quelque chose de vraiment lourd sans toutefois être négatif. La sensation ne s'arrêta pas lorsque je lui remis le morceau de bois, elle persista encore quelques minutes. Mon collègue m'expliqua que la boule de bois avait été sculptée par un magnétiseur. J'avais donc ressenti son état au moment de la création. Incroyable, mais j'avais eu l'impression de vivre dans la peau d'une autre personne pendant un instant. Le magnétisme est un outil très puissant. Quand on désire magnétiser un objet pour offrir à quelqu'un une protection ou un soutien quelconque, il s'agit vraiment de donner un attribut spécifique à l'objet et d'activer son pouvoir.

Jour 58 : Magnétiser à distance

Le magnétisme est un pouvoir qui vient de la terre. Comme nous l'avons vu, la terre a aussi une autre grande capacité, elle est associée aux courants énergétiques qui la traversent et qui la parcourent. Nous pouvons aussi envoyer des énergies à une personne grâce à une photographie.

Cette fois, ce ne sera pas la photo qui recevra l'énergie de nos mains, mais la personne qui y est représentée. Nous réussissons à créer un lien mental entre elle et nous par le biais de la photo. Ce lien, lorsqu'il est fort, devient alors réel, il n'est plus une simple pensée. Il réussit à se tracer un chemin sur la toile énergétique dans laquelle nous vivons tous.

Tentez donc un exercice similaire au précédent. Prenez la photo d'une personne qui a besoin de recevoir de bonnes ondes ou tout simplement un peu d'énergie. Puis, placez vos mains au-dessus pendant quelques minutes tous les jours. Prenez le temps de vous concentrer et faites-le jusqu'à ce que vous ressentiez cette force entre vos mains. Ensuite, pensez à ce que vous souhaitez faire parvenir à la personne. Vous pourriez avoir envie de lui envoyer de l'énergie positive afin de l'aider à traverser une épreuve ou lui donner plus de courage pour atteindre un but qui lui tient à cœur.

Vous pouvez lui envoyer une charge d'énergie, si elle est très fatiguée et a de la difficulté à revenir sur sa voie. Un petit coup de main aide parfois à faire les premiers pas. Sinon, il est possible aussi de soigner et guérir une personne à distance de cette façon.

Il faudra tout d'abord imprégner votre esprit de la forme d'énergie que vous souhaitez lui envoyer. S'il s'agit de guérison, alors ne pensez qu'à ça. S'il s'agit de courage, vous pourriez voir par exemple l'image d'un pompier qui entre dans un édifice en feu pour sauver des vies ; il est la symbolique même du courage et de la bravoure. Lorsque vous le verrez clairement, laissez l'émotion que cela vous inspire passer par vous. Ensuite seulement, placez vos mains au-dessus de la photo pour lui transmettre toute l'intensité de cette émotion et des énergies qu'elle dégage. Si vous avez la chance d'avoir des nouvelles de la personne, informez-vous de son état. Va-t-elle mieux ? Reprend-elle doucement du poil de la bête ? Voyez comment elle réagit aux énergies que vous lui avez fait parvenir et réajustez-vous ou tentez de nouvelles méthodes au besoin.

Les adeptes des nouvelles technologies parmi vous auront peut-être envie de tester une méthode plutôt nouvelle et jusqu'ici très peu utilisée. Il n'y a pas que nos mains qui sont magnétiques, tout notre corps l'est. Si vous désirez tester une méthode différente, magnétisez un de vos courriels, comme vous l'auriez fait avec une photo, sans utiliser vos mains. Concentrez-vous sur le courriel, puis lorsque vous sentez qu'il est chargé, cliquez pour l'envoyer. Puis, constatez les effets.

Par contre, vous n'arriverez peut-être pas à travailler à distance rapidement, il vous faudra probablement maîtriser un peu la technique. Par exemple, je connais une personne qui avait tenté d'éveiller ses pouvoirs de magnétisme. Pratiquant les rituels, elle a utilisé un chaudron rempli d'eau. En utilisant la visualisation, elle a senti ses mains se réchauffer naturellement et elle a senti des picotements.

Au deuxième essai, elle a utilisé le même instrument et il lui a fallu un moment avant de ressentir quoi que ce soit. Par contre, cette fois, c'était plus fort. Il ne s'agissait plus vraiment de chaleur dans les mains. Les picotements se sont transformés en vibrations, d'abord dans les mains, puis la sensation est remontée dans les avant-bras pour terminer aux coudes. Elle a pu utiliser son pouvoir de façon concrète quelques jours plus tard.

Elle devait faire un troisième essai le soir même, mais ce matin-là, elle était fatiguée et avait mal au ventre. Sans s'en rendre compte, elle a posé ses mains à cet endroit. Elles étaient brûlantes et elle avait l'impression d'avoir une bouillotte sur le ventre. Pour s'assurer qu'elle n'hallucinait pas, elle a déplacé ses mains. Eh oui, la chaleur pouvait être ressentie sur son visage et sur son torse, ses mains étaient bel et bien actives et ont apaisé son ventre douloureux. Commencer par soi est le meilleur des entraînements ; lorsque vous aurez progressé, vous pourrez plus facilement guérir les gens à distance.

Jour 59 : Le pendule

Les exercices précédents utilisaient beaucoup votre force personnelle et votre capacité à ressentir les énergies de vos mains. Toutefois, il est possible que ces méthodes ne fonctionnent pas bien pour tous. C'est ici qu'arrive un merveilleux instrument qui pourrait vous aider à obtenir des résultats.

Le pendule, qui nous vient de la radiesthésie*, analyse les courants d'énergie et traduit leurs messages. Il est vrai que le pendule peut réagir à autre chose, par exemple aux entités ou à notre volonté intérieure. Mais à la base, il a été inventé pour trouver des sources d'eau souterraines ou encore des mines.

On utilisait autrefois des baguettes de sourcier qui réagissaient aux champs magnétiques de la terre. Les sources souterraines bougeant sans cesse, elles modifient ce champ et c'est de cette façon que la baguette réagissait. De nos jours, nous utilisons la méthode la plus pratique et efficace, soit le pendule. Il s'agit d'un petit poids suspendu au bout d'une chaîne. Si vous avez visité des boutiques ésotériques, vous en avez probablement déjà vu.

Le pendule peut vous donner des indications précises sur les énergies d'une personne. En le passant au-dessus d'elle, vous pouvez lui demander de vous indiquer les zones en santé ou malades.

Vous pouvez aussi, grâce à des techniques spéciales, énergiser des objets et leur donner des fonctions spécifiques. Instrument très réceptif, le pendule vous permet donc d'entrer en contact avec les énergies environnantes, sans avoir le besoin absolu de les ressentir vous-même. C'est un très bon intermédiaire.

Ceux qui pratiquent des techniques de soins de l'aura ou des chakras** s'en servent notamment pour détecter les zones à soigner.

Le pendule peut indiquer si un chakra est trop ouvert ou encore s'il est fermé. On peut même rééquilibrer les chakras grâce à lui, lorsqu'on le maîtrise bien. Un peu comme ceux qui donnent des massages énergisants avec leurs mains, nous pouvons aussi réussir à soigner et apaiser, mais grâce à des méthodes différentes. C'est une autre façon d'utiliser notre magnétisme.

Le pendule peut aussi ressentir si un objet est chargé négativement. Par exemple, si vous doutez des intentions d'une personne et qu'elle vous a offert un présent, le pendule indiquera ce que dégage ce cadeau.

Il est très utile pour trouver les bons cristaux, si par exemple vous désirez travailler avec eux. Vous pourriez hésiter entre une améthyste ou un ambre. Lequel apaisera efficacement les énergies de votre maison ? Nul besoin d'utiliser vos mains pour ressentir chacune des pierres. En passant le pendule au-dessus d'elles, vous obtiendrez vos réponses.

* *La radiesthésie est une science occulte qui permet de ressentir et d'analyser les ondes qui nous entourent. Ce qui nous sert ensuite pour trouver des sources d'eau, trouver un objet perdu ou encore découvrir de quelle maladie on souffre. Elle était pratiquée grâce à des baguettes de sourcier dès l'an 1556. Son dérivé moderne et accessible est le pendule.*

***Les chakras, d'un mot sanscrit signifiant roue ou vortex, sont des centres d'énergie placés sur tout notre corps. En général, les connaisseurs parlent de sept chakras principaux, mais en fait il en existe des centaines. Ces roues d'énergie régissent la façon dont cette dernière circule dans notre corps. Ainsi, si les chakras sont tous bien équilibrés, notre corps et notre mental le sont eux aussi.*

Jour 60 : Faire un choix et noter ses expériences

Comme la semaine dernière, nous sommes arrivés au moment où il vous faut choisir un exercice. Selon votre expérience et ce que vous ressentez, choisissez la technique qui vous convient le mieux. Et si vous ne ressentez toujours rien, tournez-vous vers le pendule qui, lui, devrait vous donner des résultats concrets avec un minimum de pratique.

Notons que l'on considère souvent le pendule comme un intermédiaire entre deux univers. Par exemple entre vous et les énergies environnantes, mais aussi entre le réel et l'irréel. Il s'apparente facilement à l'arbre. Il parle à l'univers, il sert donc dans tout.

Si vous connaissez une personne qui a besoin d'aide, vous avez probablement décidé de faire les exercices en pensant à elle. Cependant, prenez garde ne pas trop vous y accrocher. Les séances ne doivent pas dépasser quelques minutes, cela ne fera pas guérir la personne plus vite et vous vous épuiseriez inutilement. Réévaluez votre technique ou essayez-en une toute nouvelle.

Surtout, prenez soin de noter vos résultats afin de conserver un compte rendu de vos échecs et de vos réussites. Toutes ces techniques représentent un chemin à parcourir, persévérez donc avant de croire que vous n'y arriverez pas, parfois il faut un peu de patience.

Semaine 13 : Communiquer avec l'au-delà

Jour 61 : S'ouvrir à nos guides

Cette semaine, nous verrons comment entrer en communication avec l'au-delà, c'est-à-dire avec les habitants de l'astral, ces entités aux multiples identités qui peuplent les mondes parallèles. On parle parfois de médiums, de ces gens capables de jouer les intermédiaires entre le monde des vivants et celui des morts. Mais chacun, avec des techniques très simples, peut apprendre à communiquer avec cet autre univers, et cela, sans danger.

Au cours de cette semaine, nous aborderons les dons qui nous permettent de communiquer avec l'au-delà. Par contre, nous n'entrerons pas dans les techniques de spiritisme, ni de *channeling* puisque ce sont des méthodes plus risquées. Il est si facile d'appeler des esprits mauvais et des entités négatives. Les pratiquants de spiritisme savent comment s'en prémunir ou alors ils sont en mesure de les maîtriser. Ces techniques nécessitent de l'expérience et des connaissances poussées.

Nous explorerons donc des routes plus sûres, et tenterons de communiquer avec notre ou nos guides. Que ce soit des anges, des entités bénéfiques comme les élémentaux, des créatures antiques telles que les dragons ou encore une personne qui nous était chère et qui a souhaité rester pour nous aider.

Peu importe l'entité qui veille sur vous, j'utiliserai ici le terme « guide », afin d'alléger le texte. Si vous ne savez pas quelle entité bénéfique est à vos côtés, conservez le mot guide en tête, car c'est ce rôle que nous recherchons, peu importe son identité.

Il est simple d'entrer en contact avec les guides. Premièrement, il faut croire qu'ils existent. Si nous n'en parlons jamais et n'y pensons jamais, ils peuvent difficilement nous atteindre et nous envoyer des messages. Il faut d'abord s'ouvrir à eux.

Ensuite, il faut leur adresser notre demande directement. Nous l'avons déjà vu, les entités positives n'agissent pas sur notre vie, elles nous laissent le libre arbitre. Nous devons donc leur demander de nous aider et de nous guider. Ce sont les deux premiers pas à faire vers eux avant de recevoir des réponses directes. Leurs réponses et messages peuvent d'ailleurs être très variés. Le plus souvent, ils préfèreront nous envoyer des signes, plutôt que par télépathie ou à travers nos rêves, par exemple.

Les signes existent dans tous les aspects de notre vie et peuvent être interprétés de plusieurs façons. Ainsi, ils nous laissent encore le choix de voir le message, de le comprendre et d'agir en conséquence ou de l'ignorer et de faire ce que l'on souhaitait au départ.

Les signes peuvent être physiques, vous pourriez sentir une présence rassurante à vos côtés ou une main sur votre épaule. Sinon, vous pourriez sentir que la pièce se réchauffe et devient ainsi plus chaleureuse. Les signes peuvent apparaître dans les objets autour de nous. Par exemple, si vous vous posez une question et tombez ensuite sur un article qui y répond dans le journal du matin.

Les signes peuvent être mystiques. Lorsque vous leur parlez, vous pourriez vous sentir plein d'une nouvelle énergie, différente de la vôtre. Ou encore, vous pourriez voir la flamme de la chandelle allumée s'élever très haut.

Les signes peuvent aussi être des coïncidences étranges, une rencontre tout à fait inusitée qui vous redonne le sourire perdu. Parfois les gens seront des intermédiaires entre vos guides et vous, ils sauront prononcer le bon mot au bon moment, sans vraiment se rendre compte de l'impact qu'ils ont eu sur vous.

Commencez donc par tourner vos pensées vers votre guide, dites-lui que vous êtes prêt à recevoir ses messages et observez attentivement. Voyez si, dans les jours qui suivent, vous percevez plus de signes qu'à la normale. Voyez si vous avez plus d'intuition, s'il vous semble qu'on vous « souffle » une réponse à l'oreille. Si c'est le cas, alors il a répondu à votre appel. Vous pouvez continuer ainsi, selon ce que votre intuition vous dira, ou encore poursuivre avec les suggestions que nous verrons dans les prochains jours.

Jour 62 : Visualisation d'accueil

Que vous ayez réussi à prendre contact avec votre guide grâce à la méthode du jour précédent ou que vous souhaitiez essayer une technique différente, cet exercice vous offre un atout supplémentaire. Cette fois, il vous faudra un lieu très calme et où vous vous sentez à l'aise. Prenez le temps de bien vider votre esprit de toutes pensées perturbantes. Assurez-vous que vous dégagez de bonnes énergies en pensant à des images ou des idées positives.

Il faut ensuite faire la même chose que la veille, soit énoncer clairement à votre guide que vous souhaitez lui parler. Concentrez-vous intensément sur cette pensée, puis lorsque vous sentez que l'émotion est forte, laissez-la partir. Visualisez ensuite un endroit qui vous plaît énormément. Par exemple, vous pourriez vous voir au bord de la mer, les vagues venant caresser doucement vos pieds. Laissez-vous imprégner de l'atmosphère environnante. Vous êtes en train de créer cet endroit, alors faites-en vraiment votre petit paradis intérieur.

Lors du premier essai, il faudra prendre le temps de tout visualiser autour de vous. Attardez-vous sur les détails qui vous plaisent. Souhaitez-vous que l'endroit ait un parfum ? Qu'il fasse jour ou encore nuit ? Construisez cet endroit morceau par morceau.

Lorsqu'il sera construit, vous pourrez vous y promener. Faites-en le tour et dites-vous qu'il s'agit de votre chez-soi bien à vous. Vous pourrez y retourner ensuite quand vous le voudrez.

Lorsque cette vision est stable et que vous ressentez un sentiment de paix intérieure, vous pourrez inviter votre guide à y venir. Lorsque vous aurez terminé votre invitation, lâchez prise et laissez-vous porter par les images.

Votre guide viendra dans votre visualisation. Il peut se présenter sous la forme de son choix. Généralement, sa forme vous sera agréable. Ne soyez pas surpris, il peut être autant une créature immense qu'un simple nuage de vapeur colorée. Accueillez-le simplement et souhaitez-lui la bienvenue. Vous saurez qu'il est là lorsque vous ne contrôlerez plus votre visualisation. C'est le signe que vous partagez maintenant l'endroit avec lui. Il vous présentera probablement des images différentes des vôtres. Ces dernières peuvent faire partie de son discours.

Il pourra autant vous parler directement que vous laisser des impressions ou encore communiquer grâce à des images qui se déplaceront dans le décor. Vous pouvez lui poser des questions et apprendre à mieux le connaître dans cet environnement parfait que vous avez créé. Il est possible que, la première fois, il ne fasse que se présenter. Vous pourrez ainsi discuter plus amplement les fois suivantes. Surtout, prenez le temps de vous apprivoiser mutuellement.

Jour 63 : Par télépathie

Les méthodes précédentes sont plus intuitives et rejoignent les gens qui apprécient les sensations, les émotions et qui aiment décoder les messages. Cepandant, il est possible que vous souhaitiez avoir des conversations plus claires, plus rationnelles, ou encore que vous souhaitiez utiliser votre don de télépathie.

Au-delà des signes et des images mentales, la communication par la pensée est un contact beaucoup plus direct. On utilise ici beaucoup plus les dons de l'air que ceux de l'eau. Toutefois, il peut être difficile de faire la différence entre nos propres pensées et celles de nos guides. Il faudra donc avoir les idées claires avant même d'essayer cette technique, ou encore vouloir prendre le temps d'expérimenter et de voir la différence entre les deux.

Pour parler à nos guides de cette façon, adressez-leur la parole dans votre esprit, comme vous l'avez probablement fait dans les exercices précédents. Par contre, cette fois-ci, vous ne regarderez pas autour de vous et ne tenterez pas de voir. Vous écouterez.

Posez votre question et restez ouvert aux messages qui pourraient se diriger vers vous. Si vous trouvez l'exercice difficile, tentez de le faire avant d'aller dormir. Avant de sombrer dans le sommeil, nous tombons doucement dans un état se situant entre le conscient et l'inconscient. Il est plus facile pour l'esprit de recevoir des messages sans être dérangé par le conscient qui pense sans cesse, tout en étant assez lucide pour ne pas tomber dans les rêves.

Vous sentirez peut-être que votre message part du troisième œil pour s'envoler vers l'avant et que les messages reçus arrivent à l'arrière de votre tête, à peu près au niveau du cervelet. Sinon, vous sentirez peut-être une sorte de pression mentale lorsque vous posez la question, puis un relâchement lorsqu'elle est véritablement partie. Ensuite, vous sentirez une nouvelle force qui entre et comble le vide lorsque votre réponse revient.

Il se peut aussi que vous perceviez les sons ou encore les mots des gens différemment après votre demande à votre guide. Par exemple, une personne prononce des paroles, mais vous trouvez que « cela sonne bizarre ». Il y a quelque chose dans l'air, comme si la sonorité des mots n'avait pas sa vibration normale. Comme si on l'avait modifiée afin que vous puissiez percevoir l'élément louche.

Il arrive que nos guides nous parlent directement de vive voix sans utiliser la télépathie. Mais cela est très rare et se produit uniquement dans des cas extrêmes. Il m'est arrivé, par un bel après-midi, de traverser un boulevard à vélo sans regarder devant moi. Le danger ne venait pas des voitures, je m'étais assurée que la voie était libre, mais plutôt d'une moto qui venait tout juste de s'engager dans la voie. J'ai entendu mon prénom, crié très fort, de l'autre côté de la rue. En me retournant pour voir qui m'appelait, j'ai vu la moto et j'ai freiné. Juste à temps. Personne n'était sur le trottoir, ni sur les balcons. Cette fois, mon guide avait dû attirer mon attention plus fort qu'à l'habitude. Ouvrez-vous donc à eux et faites-leur confiance. Surtout, écoutez-les, ils sont là pour votre bien.

Jour 64 : L'écriture automatique

Une autre méthode donne des résultats encore plus concrets : l'écriture automatique. Cette technique est normalement réservée à ceux qui pratiquent le spiritisme, donc à ceux qui appellent des esprits et ont les connaissances requises pour ce faire. Grâce à la préparation faite au début, vous n'avez pas besoin d'en savoir plus puisque vous tentez de contacter votre guide, et il n'y a aucun danger à cela. Tant que votre esprit est clair et que vos intentions sont bonnes.

L'écriture automatique sert aussi à ceux qui veulent faire des introspections, qui souhaitent obtenir des idées spontanément. Dans le présent exercice, nous l'utilisons pour contacter nos guides et, avec ce but en tête, nous obtenons un contact extérieur plutôt qu'une introspection.

Vous aurez besoin d'une grande feuille, blanche ou lignée, peu importe, et d'un stylo qui écrit bien et roule facilement sur la feuille. Prenez gare aux stylos gel qui font des taches lorsqu'ils restent en place, puisqu'il est possible que le stylo cesse de bouger un moment. Ne faites pas la séance dans votre journal de bord : les contacts avec les entités peuvent créer des liens énergétiques très puissants. Conservez plutôt votre journal dans des énergies neutres. Utilisez donc une feuille différente pour chaque séance ou encore un autre cahier de notes. Toutefois, vous pourrez bien sûr inscrire vos conclusions dans votre journal.

Encore une fois, choisissez un endroit calme et assurez-vous de ne pas être dérangé, car il importe de ne pas couper la communication au milieu de la conversation. Asseyez-vous confortablement et placez la pointe du stylo très près de votre feuille, sinon doucement appuyée dessus.

Concentrez-vous sur votre guide et demandez-lui s'il souhaite discuter avec vous. Dites-lui que vous souhaitez communiquer avec lui grâce à l'écriture automatique. Si vous ressentez la moindre impression négative, cessez la séance. Lorsque le crayon commencera à écrire, vous pourriez ressentir des picotements dans votre main. Sinon, cela peut être aussi de la chaleur, une sensation d'énergie qui enveloppe votre main ou une vibration. Les guides ne tenteront jamais de contrôler plus que votre main. Si vous sentez que la sensation de picotement monte le long de votre bras, signalez que vous souhaitez couper la communication et dites au revoir à l'entité qui discutait avec vous.

Si tout se passe bien, vous devriez recevoir un message. Il se peut que l'écriture soit véritablement floue ou difficile à décoder. Il est possible aussi que seulement quelques mots soient écrits et que la séance se termine ainsi. N'ayez donc aucune attente avant de commencer et laissez-vous aller vers la découverte du message qui vous est adressé.

Plus vous ferez de séances, plus les messages seront clairs. Vous pourrez même avec le temps avoir de véritables conversations écrites avec votre guide. Certains spirites ou médiums utilisent d'ailleurs cette technique pour discuter avec les morts et ils reçoivent des messages souvent très éloquents. Dans ce cas, les écritures diffèrent beaucoup d'une fois à l'autre, aucune entité n'ayant la même capacité à passer à travers votre main. Mais en discutant avec votre guide, vous noterez que la même écriture revient toujours et vous vous familiariserez bien avec lui.

Il existe aussi un autre instrument permettant de contacter l'au-delà : le pendule ; que ce soit pour parler avec votre guide ou encore avec une personne décédée. Une connaissance me racontait que son fils l'avait quittée il y a quelques années. Dans les jours qui ont suivi sa mort, ses parents ont eu des manifestations de sa présence : déplacements d'objets, craquements, odeurs, voix. Une cousine, qu'il appréciait beaucoup, avait aussi ressenti sa présence chez elle, même si elle habitait dans une ville éloignée. Ce ne fut que quelques années après que cette dame eut connaissance des capacités du pendule qu'elle tenta d'entrer en contact avec lui. Il avait bien des choses à lui raconter puisqu'il n'était pas parti en paix. Au début, les messages étaient étranges et parfois incompréhensibles. Mais, avec le temps, ils sont devenus plus clairs et ils ont cheminé ensemble. Son fils est finalement parti et depuis cette dame a développé son don de télépathie et continue d'aider les esprits errants. Ce n'est pas le destin de tous, mais c'est un cheminement très inspirant.

Jour 65 : Faire un choix et noter ses expériences

Nous choisirons maintenant une technique pour entrer en contact avec notre guide. Les méthodes s'utilisent différemment et elles puisent aussi leur force dans des capacités différentes. Si vous avez de la difficulté à en choisir une, consultez votre journal de bord, là où vous avez pris vos notes concernant les exercices avec les éléments.

Par exemple, si vous avez noté un lien particulier avec l'Air, il serait bien d'essayer la technique de la télépathie. Si vous avez une affinité avec l'élément Terre ou Eau, alors lui demander de vous faire des signes sera peut-être plus évident pour vous. La visualisation peut faire référence à l'Air, mais aussi à l'eau si vous y ajouter un aspect émotionnel important. Ou encore, on pourrait y voir la force du feu si l'endroit reprend des images qui font vibrer votre esprit.

Il vous sera peut-être difficile ou facile de rencontrer votre guide. Et cela, pour plusieurs raisons. Nous n'avons pas été habitués à croire que des entités pouvaient nous aider. Oui, nous entendons souvent parler d'ange gardien, mais qui est-il vraiment et que peut-il faire pour nous ? Ça, peu de gens le savent.

Il vous faudra peut-être plusieurs jours d'essais, et plusieurs jours de réflexions sur cet être qui veut entrer en contact avec vous. Plusieurs croient ne pas avoir de guide parce qu'ils ne l'ont jamais entendu. Ce n'est pas parce qu'une personne est sourde que personne ne parle. Les guides sont bel et bien là et vous avez maintenant des moyens d'entrer en contact avec eux.

Vous pouvez leur demander de vous guider et de vous conseiller sur la meilleure route à suivre dans les domaines de votre vie qui vous intéressent.

S'il arrive que vous tentiez ces exercices sans avoir de véritables résultats, vous pourriez faire une pause et réessayer à un autre moment de votre vie. Il arrive des moments où nous devons faire des choix seuls. Dans ces cas, des gens nous soutiennent, de la famille, des amis ; ce sont alors eux, nos anges gardiens.

Par ailleurs, développer des dons en lien avec l'au-delà peut nous conduire sur des chemins hors norme. Un jour, j'ai eu l'occasion d'aller nettoyer une maison qui était hantée. Les entités n'étaient pas agressives, mais la propriétaire pouvait les ressentir et une de ces présences l'intimidait grandement. L'amie qui m'accompagnait ce jour-là avait réussi, avec les années, à développer ses dons afin de pouvoir ressentir les esprits. Cela lui permet d'entrer dans une maison et de dire si elle contient des esprits ou non, s'ils sont positifs ou non. Si besoin est, elle les aide à partir, en discutant avec eux ; sinon, au pire, en appelant à l'aide des gens décédés qui aimaient l'esprit errant pour qu'ils viennent le chercher. Nous avons réussi à vider l'endroit des égarés et indésirables, nous n'avons eu ensuite qu'à purifier les énergies restantes. Le don de communiquer avec l'au-delà peut servir différentes causes, à vous de voir quelle route vous appelle.

Semaine 14 : Les intuitions et l'instinct

Jour 66 : Écouter ses intuitions

Nous verrons cette semaine des techniques qui vous sembleront peut-être plus pratiques et un peu moins ésotériques que les précédentes. Nous tenterons d'écouter nos intuitions et notre instinct. La façon de faire est très simple, il s'agit d'y aller par essais et erreurs.

Vous pouvez noter vos essais et inscrire ce qui s'est passé et comment dans votre journal de bord. Ou encore, vous pouvez choisir d'utiliser un petit calepin qui se glisse bien dans une poche ou dans un petit sac à main et qui deviendra votre journal des intuitions. Grâce à ces écrits, vous pourrez voir comment vos intuitions vous parlent et comment décoder leurs messages.

Vos notes vous permettent aussi de voir concrètement toutes vos réussites. Vous serez probablement surpris de voir à quel point vous aviez vu juste. Dans le quotidien, on oublie souvent ses réussites. En les notant, on constate ses capacités et on croit encore plus en elles. Il est très encourageant de lire qu'on a pu réussir à ressentir les gens et les choses si justement.

Il est facile de savoir quand on a une intuition, le plus difficile est souvent de l'écouter. Les intuitions ne sont pas seulement un sentiment qui nous parle, elles savent se faire comprendre par des sensations. Par exemple, vous pourriez avoir un malaise dans une situation. On a soudain la nausée, sans aucune raison, alors qu'on nous propose quelque chose.

Lorsqu'il s'agit de quelque chose qui peut nous ébranler, la sensation se fait sentir souvent plus au niveau du cœur. Sans être une pression, on peut aussi ressentir une sorte de tourbillon désagréable. Ces signaux porteront tout de même le même message.

Les intuitions nous parlent souvent à travers les chakras. C'est ainsi qu'on ressentira ces sensations le plus souvent au niveau du troisième œil, du cœur ou encore du ventre. Il est possible de les ressentir ailleurs, mais ce sont souvent ces endroits qui sont touchés par nos intuitions.

Chaque fois où vous vous direz : « Ça me dit que je devrais faire ça », il s'agit d'une intuition. Chaque fois que cela vous arrivera, ne tentez pas de débattre avec cette voix qui vous donne des conseils. Que ce soit votre guide qui vous parle, votre conscience, même votre voyance, le message reçu est sous forme d'intuition, et tout ce qu'il vous reste à faire est d'écouter son conseil.

Chaque fois que vous faites quelque chose tout en vous disant : « Je ne me suis même pas posé la question avant, c'était évident que je devais faire ça », c'est là aussi une intuition. Dans ce cas, elle était si forte, si intense, qu'elle a pris le dessus sur vos pensées et vous a fait agir de la bonne façon. Notez ces sensations dans votre journal de bord ou dans votre cahier de notes des intuitions. Même si la situation présente tous les indices contraires à ce que vous ressentez, même s'il est tout à fait illogique de penser comme vous le faites. Vous verrez bien, plus tard, si vous aviez décodé les choses de la bonne façon.

Une collègue me racontait un jour avoir eu l'intuition de devoir terminer le travail plus tôt. Elle était assise à son bureau, mais cette idée la harcelait au plus haut point. Or, elle n'avait aucune raison de terminer plus tôt et elle savait qu'elle devrait travailler plus tard le lendemain si elle le faisait. N'en pouvant plus et ayant un horaire flexible, elle prit ses affaires et se rendit chez elle. Arrivée là, elle vit sa fille qui discutait avec la gardienne. Cette dernière était allée la chercher à l'école et elle lui raconta à quel point son enfant semblait souffrante. Elle put donc prendre sa fille et la conduire à l'hôpital. Ce qui la sauva d'avoir la nouvelle au boulot, d'être prise dans la circulation, de s'inquiéter et de ne pas pouvoir répondre aux questions du médecin personnellement afin d'avoir un diagnostic. Tout se termina bien pour les deux, qui vécurent l'épreuve beaucoup plus agréablement.

Jour 67 : Sentir le danger

Il existe des moments qui nous permettent de nous entraîner à sentir nos intuitions. Il est possible que les vôtres soient trop adoucies ou cachées par votre côté rationnel et que vous ne les entendiez pas bien. Il vous faut alors des moments plus intenses afin d'entendre leur voix, qui finalement est bien plus puissante que nous l'imaginons. Ce sont d'ailleurs dans ces moments de détresse que nous avons le plus besoin de nos intentions.

Cette fois, n'oubliez pas ce que vous pouvez faire au cas où vous vous retrouveriez dans une situation dangereuse. Cet exercice risqué ne fera donc pas partie des choix possibles de ce vendredi. Lorsque vous serez dans une situation de danger potentiel, par exemple, en rentrant tard et en marchant seul dans les rues, vous pourriez vous sentir tout à fait à l'aise et en sécurité, ou au contraire, vous sentir menacé sans aucune raison. Cela est une forme d'intuition.

Tentez, alors que vous marchez, de ressentir les énergies environnantes et de comprendre ce qu'elles veulent vous dire. Puis, lorsque vous aurez besoin de choisir votre route, observez bien le bout de la rue que vous souhaitez emprunter. Prenez le temps d'en regarder une autre avant de vous y engager. Que ressentez-vous quand vous analysez une direction, puis l'autre ?

L'impression sera sûrement différente. Vous pourriez vous sentir oppressé lorsque vous regardez vers une rue, ou encore rassuré lorsque vous jetez un coup d'œil vers une autre. Prenez le temps de bien comprendre votre sentiment avant de faire votre choix.

Il m'est arrivé souvent de devoir revenir à la maison plutôt tard. Je n'habitais pas dans un quartier dangereux, mais comme je le répétais à ma petite sœur souvent : « Des gens dangereux, ça se déplace. » On n'est jamais à l'abri nulle part. C'est ainsi que parfois je sortais de la station de métro et ressentais quelque chose d'oppressant dans l'air. Une lourdeur ou encore parfois une énergie trop active, trop vive, trop « à vif ». Dans ces moments, il me fallait choisir la bonne route. Mais le soir, tard, les routes se ressemblent toutes et rares sont les véhicules qui y circulaient. Je regarde d'un côté… logiquement, cette rue est plus peuplée que les autres, elle serait le choix de base. Mais elle me repousse, et c'est l'autre qui m'attire… Sauf qu'en passant par celle-là, je fais un détour. Alors qu'en fait, il serait bien de couper court et d'arriver à destination rapidement ! Le dilemme. Mais le sentiment est trop fort, je dois prendre la petite rue qui me fait faire un détour. C'est au beau milieu de ma route que j'entends des cris déments au loin, probablement des jeunes sous l'effet de l'alcool ou de la drogue qui s'époumonent en frappant sur des choses… dans la rue que j'ai évitée. S'écouter est parfois difficile, surtout quand la raison a normalement le dernier mot, mais il y a des moments où il faut faire l'effort et tendre l'oreille. Ce qui, en fait, s'applique ensuite dans chaque domaine de notre vie, pour chaque choix. On a le pouvoir de ressentir ce qui est bon ou pas.

Il est possible de faire le même genre d'exercice avant de se rendre à un rendez-vous. Si par exemple vous êtes inscrit à des agences de rencontre ou que vous discutez avec des gens à partir de votre ordinateur, il est possible de rencontrer une personne tout à fait honnête. Mais si vous vous posez la question avant et que vous ressentez un malaise, c'est que votre intuition vous parle et vous dit que cette personne n'est pas pour vous.

Elle ne sera pas nécessairement un danger, mais elle peut être et agir de la même façon qu'un ancien conjoint. Vous retrouveriez alors le même problème dont vous vous étiez débarrassé. Il est donc préférable de ne pas faire cette rencontre. L'intuition peut se présenter par une sensation qui vous repousse alors que vous marchez vers le lieu de rendez-vous. Vous pouvez aussi choisir votre trajet de cette façon. Si par exemple on annonce une mauvaise météo, voyez les routes dans votre esprit et ressentez laquelle est la bonne, même s'il s'agit de faire des détours.

Si vous vous demandez si un trajet ou une personne est bonne et que vous doutez, il faut soit prendre le temps d'y réfléchir et de reposer la même question plus tard, soit simplement laisser tomber. Le doute est souvent synonyme de « non ». Un non que nous n'avons pas envie d'entendre. Ainsi, si vous doutez, traduisez cette réponse par non.

Parfois, les intuitions qui nous préviennent du danger sont très puissantes et s'imposent d'elles-mêmes, elles nous font réagir avant même de réfléchir. Un membre de ma famille m'a raconté avoir eu une intuition qui lui évita bien des dégâts. Il roulait en camion à une vitesse raisonnable, quand soudain les voitures freinèrent devant lui. Normalement, les voitures derrière son camion avaient le temps de freiner elles aussi. Mais il a eu l'intuition de regarder dans le rétroviseur. Il a alors vu un camion semi-remorque derrière qui freinait, mais il savait qu'il n'y arriverait pas à temps. Il a alors réagi rapidement en déplaçant son véhicule vers le côté de la route, ce qui a permis d'éviter une collision.

Jour 68 : Décoder les gens

Pour l'exercice du jour, nous allons, comme le veut une pensée populaire, nous fier à notre première impression, mais sans nous fier aux apparences, qui, comme le dit le dicton populaire, sont trompeuses. C'est véritablement le premier sentiment qui nous touche. La première impression ne nous dit rien sur ce que la personne veut donner comme image, elle nous parle de ce que la personne dégage vraiment, malgré l'image qu'elle veut donner.

Attention aux empreintes émotionnelles. Si vous avez eu une expérience négative avec quelqu'un qui avait des traits fins, qui portaient des lunettes et avait une voix perçante, votre « cerveau » émotionnel percevra comme mauvaise tout de suite une personne ayant les mêmes similitudes. Il n'analyse rien, il établit simplement un lien avec l'expérience négative que vous avez eue et cet inconnu qui se tient devant vous.

Il faut se fier à notre première impression surtout lorsque nous rencontrons un inconnu, un individu dont nous ne savons rien, et qui ne nous rappelle pas une ancienne connaissance. Pour ce faire, il faut se laisser aller. D'abord, pensez que vous aller faire la rencontre d'une toute nouvelle personne et que vous souhaitez l'accueillir comme elle est, sans jugement aucun. Lors de la première rencontre, au moment de lui serrer la main, ne pensez à rien en particulier, à part le fait de la rencontrer.

Vous vivrez probablement plusieurs sensations. Soit une attirance, soit une répulsion. Cette dernière pourrait vous donner envie de rire, vous donner une image de grandeur ou encore ne rien vous inspirer du tout. Si vous le pouvez, notez toutes ces idées et sensations dans un petit carnet. Il est très intéressant de pouvoir relire ces notes ensuite et de voir à quel point votre première impression était juste.

Il peut vous arriver de rencontrer des gens qui dégagent une belle énergie, qui soient amicaux, enthousiastes, toujours polis, qui ont une belle vie, des enfants et plein de projets, mais qui finalement vous laissent un sentiment vraiment désagréable. Avec le temps, vous comprendrez pourquoi. Parfois les gestes et les mots ne nous disent pas qui sont réellement ces gens. Il faut pouvoir les ressentir et voir au-delà de l'illusion qu'ils donnent aux autres pour les connaître vraiment.

Si vous vous dites : « Je ne sais pas pourquoi, mais je ne l'aime pas ! Je sais que je n'ai aucune raison pour ça, mais je n'y peux vraiment rien », il est possible que vous ayez eu une intuition à propos de cette personne. Le message reçu vous dit de ne pas vous lier avec elle, car elle n'a pas sa place dans votre vie.

Au contraire, il y en a d'autres à qui on fait totalement confiance et sans aucune raison ni même justification. Que peut bien dégager cette personne pour qu'on lui fasse ainsi des confidences, sans avoir peur de son jugement, sans avoir peur qu'elle révèle nos secrets ? C'est en partie nos intuitions qui nous disent qu'une personne est bonne pour nous, c'est pour cela qu'il faut les écouter et leur faire confiance.

Jour 69 : Lire dans les yeux

On entend parfois les gens dire que les yeux sont le reflet de l'âme. Il ne s'agit pas simplement d'une citation plutôt poétique, mais aussi d'une vérité au niveau ésotérique et surtout à celui de notre capacité à ressentir les gens. On pourrait penser qu'il faut être voyant pour regarder dans les yeux d'une personne. Or, cela fonctionne un peu différemment. Oui, un voyant pourra utiliser ce don, mais la technique est aussi très intuitive et utilisera d'autres dons à la fois.

Si vous le pouvez, faites l'expérience avec une personne qui ne sera pas intimidée par votre regard et que vous ne connaissez pas parfaitement. Il est trop facile de dire des choses sur une personne que l'on connaît bien et l'on n'est alors pas porté à plonger en profondeur pour trouver la vérité.

Regardez dans les yeux de la personne de votre choix et tentez de voir en elle. Exactement comme si vous regardiez à travers une fenêtre. Ouvrez-vous ensuite à toutes les sensations que cela peut vous apporter et lâchez prise sur ce que vous faites, tout en maintenant votre regard. Vous vous sentirez probablement entrer à l'intérieur de la personne, mais en passant à travers ses yeux. L'impression est plutôt étrange puisque, ensuite, on peut ressentir ses émotions, ses états d'âme, ses désirs et souhaits, exactement comme s'ils étaient en nous.

Cela dit, ne tentez pas l'expérience avec des inconnus, sauf si vous avez pris l'habitude de vivre cette communion et de vous en défaire facilement. Il existe des gens très négatifs et l'expérience pourrait se révéler plutôt troublante. Tentez de le faire sur une photo, si personne n'est disponible. Assurez-vous que la personne a les yeux bien ouverts. Si elle est trop loin, vous aurez plus de difficulté à voir en profondeur.

L'utilisation de la webcam peut aussi donner d'excellents résultats. N'hésitez donc pas à tester cette méthode. Certains disent que les appareils électroniques ne doivent pas être utilisés en combinaison avec des techniques ésotériques. Au contraire, ces appareils sont énergétiques et ils dégagent une énergie neutre, ils sont donc très faciles à utiliser pour des essais de ce genre.

À force de regarder dans les yeux des gens sur des photos, il est possible que vous développiez en partie votre voyance. Il arrive un moment où le simple fait d'observer une photo nous parle de la personne que nous regardons. Sans que nous ayons nécessairement besoin de voir ses yeux.

Voir dans les yeux fait référence aux intuitions, car les sensations ressenties lorsqu'une intuition est reçue sont identiques. On pourra ressentir un malaise intérieur, un étourdissement. Ou encore, se sentir soudainement bien, sentir que cette personne est apaisante. Écoutez-bien les signaux, ils vous parlent pour une bonne raison.

Jour 70 : Faire un choix et noter ses expériences

Pour conclure cette semaine, je vous invite à choisir un des exercices présentés, soit écouter ses intuitions, soit décoder les gens ou encore lire dans les yeux. Inscrivez ensuite dans votre journal de bord les résultats obtenus.

Une chose importe cette semaine. Vous ressentirez probablement autant d'intuitions agréables que désagréables. Quoi qu'il en soit, il ne faut pas laisser le côté émotionnel contrôler les messages qui vous sont adressés.

Si vous regardez dans les yeux d'une personne et ressentez du danger, analysez cette nouvelle information comme une simple donnée. Inutile de paniquer. Les intuitions sont là pour nous prévenir, cette personne n'a pas encore eu d'impact négatif dans votre vie et il n'y a aucune conséquence possible tant que vous écoutez vos intuitions.

Transformez ces sentiments négatifs en simple analyse. Cette personne n'est pas bonne pour vous et vous devez vous en éloigner. Elle n'est pas bonne pour votre enfant et vous ne devez pas le laisser partir avec elle. Tout simplement. Puis, laissez-vous guider par ce qu'il faut faire. Vous éloigner, refuser son invitation ou refuser de lui donner des informations et vous taire. Les choix sont multiples, selon la situation où vous vous trouvez.

Vous pouvez aussi tenter de chercher ce que cette intuition pourrait vous suggérer de positif face à cette situation. Tentez de ressentir ce qu'il vous faut faire, les gestes et les paroles à dire qui vous sauveront d'un mauvais pas.

Semaine 15 : La guérison

Jour 71 : Les boules d'énergie

Cette semaine, nous travaillerons les capacités énergétiques, mais cette fois, en lien avec la guérison. Pour débuter tout en douceur, je vous propose un exercice très simple. Si vous avez déjà ressenti de la chaleur, de la vibration ou toute autre sensation dans vos mains lorsque vous travailliez la terre ou avec des visualisations, cet exercice vous semblera probablement très facile.

Pour commencer, placez vos mains l'une face à l'autre, afin de créer un espace en forme de sphère entre elles. Puis, concentrez-vous sur leur pouvoir, celui de dégager de l'énergie. Si vous avez connu des sensations, concentrez-vous sur le souvenir que vous en avez pour les faire revenir.

À un certain moment, vos mains tiendront presque en place sur cette énergie, comme si elles étaient posées contre une boule de cristal, par exemple. L'énergie sera très forte et même palpable. Vous pouvez d'ailleurs le confirmer si une personne vous accompagne. Elle pourra approcher sa main et ressentir l'énergie que vous avez mise en boule. C'est ce qu'on appelle des « psyballs ».

Il sera alors temps de vous concentrer sur le pouvoir que vous souhaitez donner à cette énergie. Dans ce cas, nous nous intéressons à la guérison. Vous pourrez donc visualiser que cette énergie soigne, apaise et guérit les maux. Concentrez-vous sur les pensées et images du mot guérison. Tentez de voir cette énergie devenir vert émeraude, la couleur de l'archange Raphaël. Qui, vous l'aurez deviné, est l'ange à évoquer pour la guérison.

Lorsque cette énergie sera bien formée, que vous sentirez qu'elle est vraiment active et prête à vous quitter, libérez-la vers la personne que vous désirez soigner. Il suffira de tourner vos mains vers elle pour relâcher l'énergie. Laissez-les en place tant que vous sentez que l'énergie n'a pas complètement quitté vos mains.

Vous pouvez répéter l'exercice sur une photo. Par exemple, tous les soirs, vous ferez une boule d'énergie et la projetterez sur la personne malade, tout en vous concentrant sur sa guérison. Si possible, avisez la personne afin qu'elle puisse se mettre dans un état paisible au moment où vous envoyez l'énergie de guérison.

Il est aussi possible de charger d'énergie de guérison un objet qui appartient à la personne malade. Cette fois, il ne sera pas nécessaire de l'aviser. Si, par exemple, vous utilisez un bijou, la personne ressentira les effets lorsqu'elle le portera. C'est une manière subtile d'apporter de l'aide à une personne qui ne croit pas en l'ésotérisme.

Vous pouvez bien sûr utiliser cette méthode sur vos animaux de compagnie et aussi sur vous-même ! Qui de mieux pour recevoir votre propre énergie ! Soyez votre premier cobaye, ce sera un excellent entraînement.

Quelqu'un me confiait justement avoir testé cette technique sur sa main. Après avoir fait l'exercice avec la terre, puis avec l'eau, où elle a senti de la chaleur dans ses mains, elle a tenté de créer une psyball. Elle ressentait une douleur à la main droite depuis deux mois. Droitière, elle se sert donc de cette main presque constamment. De plus, elle croit même faire un peu d'arthrose. Après l'expérience avec la sphère d'énergie, la douleur avait presque disparu. Ce qui était déjà merveilleux, compte tenu de la situation. Elle a donc retenté l'expérience et la douleur a diminué à nouveau. Ce qui montre que débuter les essais sur soi est aussi enrichissant au point de vue de l'expérience que profitable.

Jour 72 : Le souffle du prana

Les mains ne sont pas les seules à projeter de l'énergie de guérison. Tous ceux qui n'ont pas découvert cette capacité en eux en seront heureux. Cette méthode utilise le pouvoir de l'air, donc du souffle.

Le souffle du prana vient de l'Inde. En fait, le mot sanscrit « prana » signifie énergie vitale. On le traduit parfois par « le souffle vital », ce qui concentre alors les mots souffle et prana dans une même définition. Il s'agit donc d'utiliser l'exercice précédent, mais cette fois avec le souffle.

Prenez le temps de faire des respirations purifiantes. Prenez de grandes respirations agréables, sans trop insister et détendez-vous. À chaque inspiration, voyez que vous inspirez la lumière, ou toute autre image positive. Lorsque vous expirez, voyez toute l'énergie négative évacuée.

Cette énergie est noire ou sombre, elle contient tout le négatif. À mesure que vous l'évacuez, vous verrez probablement votre visualisation se transformer. L'énergie sortant de votre corps sera doucement gris foncé, puis de plus en plus pâle. Jusqu'à ce que vous expiriez de l'air totalement pur, d'un blanc franc ou d'une transparence sans taches.

Vous pourrez alors commencer à visualiser que l'air inspiré s'emplit d'une énergie de guérison. Qu'à chaque inspiration, la guérison s'installe de plus en plus dans votre corps. Pour ainsi en faire partie complètement.

Lorsque vous sentirez que cette étape est passée, prenez le temps de vous concentrer sur le type de guérison dont la personne malade a besoin. Prenez une grande inspiration en vous concentrant sur le fait que vous absorbez tout le prana autour de vous. Puis, expirez-le directement sur le lieu du mal. Le plus souvent, la personne sentira qu'une sorte de traînée de feu la traverse. Mais les sensations peuvent différer. Bien que ce feu puisse être surprenant, à part étonner votre patient, il n'est pas destructeur.

Les forces positives ne détruisent pas, elles apaisent, elles guérissent, mais surtout transforment le négatif en positif. Elles sont en parfaite harmonie avec le concept qui dit que rien ne se perd, rien ne se crée, tout se transforme. Si vous ne savez pas exactement de quoi souffre la personne, vous pouvez lui demander de s'asseoir sur une chaise. Répétez la technique, mais cette fois, soufflez sur le dessus de sa tête. Le chakra coronal (qui est situé sur le dessus du crâne et représente la porte de l'énergie spirituelle, donc par laquelle l'énergie divine descend en vous) sera le passage pour l'énergie de guérison, il fera descendre cette énergie à travers tout le reste du corps, jusqu'au bas. Vous toucherez donc l'endroit malade à coup sûr.

Jour 73 : Soigner les auras et les chakras

Le jour précédent, nous avons rapidement parlé du chakra coronal, celui qui est situé sur le dessus du crâne. Cette technique ne soigne pas directement les chakras, elle les utilise plutôt comme chemin.

Par contre, il est possible de soigner les chakras et même l'aura grâce à des techniques de guérisons énergétiques. Nous avons plusieurs corps énergétiques et ils reflètent qui nous sommes et permettent à ceux qui offrent des soins énergétiques de mieux nous comprendre et de savoir ce qui nous rend « malades ».

On pourrait dire que l'aura représente en partie ces corps énergétiques. C'est une énergie qui recouvre tout notre corps et que certaines personnes perçoivent. L'aura peut être vue comme une sorte de deuxième peau, de bouclier protecteur qui, cette fois, ne nous protège pas contre les menaces physiques, mais plutôt contre les menaces astrales et énergétiques.

Certains chocs psychologiques peuvent affecter la santé de notre aura, tout comme certaines entités sont capables d'y toucher et de l'abîmer. Il est possible qu'elles aient créé dans notre énergie des sortes de trous ou des déviations qui causent des déséquilibres. On peut alors soigner notre aura par plusieurs techniques.

Il est également possible de soigner nos chakras. Ces derniers sont des roues d'énergie placées en différents endroits de notre corps. Les principaux, même s'il en existe plusieurs autres, sont situés sur le dessus du crâne, au troisième œil, sur la gorge, au niveau du cœur, sur le ventre, au niveau des organes génitaux et à la base du tronc. Ces roues, lorsqu'elles sont en équilibre, laissent notre énergie circuler librement.

Ces théories sont très complexes et nécessiteraient un livre complet. Je vous laisse donc une technique toute simple qui vous aidera à soigner sans connaissances approfondies. Nous utilisons une énergie neutre, mais imbibée de guérison, comme lors des exercices précédents. Inutile de savoir si un chakra est trop fermé ou ouvert, il s'agit de le rééquilibrer, tout simplement.

Placez vos mains, qui seront préalablement chargées en énergie de guérison, très près du corps de la personne malade. Puis, partez du point situé à la base du tronc et remontez vers le haut. Faites-le tranquillement, très doucement, et prenez le temps de sentir si vos mains souhaitent rester plus longtemps à un endroit qu'à un autre. Si vous sentez que vos mains veulent rester en place, cédez à leur désir et envoyez encore plus d'énergie de guérison sur l'endroit spécifique.

Vous pouvez aussi utiliser un quartz transparent, instrument positif et amplificateur, pour vous aider à projeter encore plus d'énergie. Pour guérir l'aura, déplacez vos mains sur le corps de la personne, et projetez un maximum d'énergie de guérison sur les endroits problématiques.

La capacité de voir ou de ressentir les auras des gens ne sert pas seulement à guérir. Une connaissance était capable de voir facilement les auras. Cela lui permettait de voir immédiatement les maux dont souffrait la personne rencontrée. Mais cela lui permettait aussi de voir qui pouvait être un vampire énergétique potentiel. Prévenir, c'est aussi une façon de guérir. Grâce à ce don, elle s'éloignait aussitôt des gens malades énergétiquement afin de ne pas être contaminée.

Certains sont ouverts et comprennent que le corps et l'esprit sont liés, d'autres non. Même en tant que guérisseur, nous ne pouvons rien pour eux s'ils ne veulent pas s'aider. Dans ces cas, le mieux reste de se protéger soi-même.

Jour 74 : Reiki et techniques énergiques

Pour ceux qui n'ont pas encore trouvé leur voie vers la guérison, il existe encore une technique supplémentaire qui n'exige pas de dons en guérison, mais qui donnera des résultats tout aussi efficaces.

En utilisant nos mains pour guérir une personne, nous utilisons notre énergie. Nous sommes donc le soigneur, celui qui effectue le changement. Certaines personnes ne veulent pas agir avec une méthode aussi directe. Elles préfèrent une méthode qui agira à leur place, mais en les utilisant comme intermédiaires.

Le Reiki est l'une de ces méthodes. Il rééquilibre les énergies d'une personne, sans savoir de quel maux souffre la personne, sans non plus qu'elle ait de symptômes physiques, car le Reiki guérit aussi les maux de l'esprit.

Ce sera une option très intéressante si vous vous rendez compte que votre ressenti n'est pas assez fort. Par exemple, si vous n'avez pas de sensation dans les mains ou si vous n'arrivez pas à détecter les maux lorsque vous passez les mains près de la personne malade.

Le Reiki nous transforme en canal pur qui laisse passer les énergies divines. Nous ne sommes pas l'acteur de la guérison, mais plutôt le support, l'intermédiaire entre les forces supérieures et le monde physique. Ainsi plusieurs, même sans dons de guérison, pourront faire des miracles.

Les effets du Reiki varient. Lors d'une séance, il est possible que la personne soignée ait envie de rire ou de pleurer. Les énergies allant rétablir les courants énergétiques dans le corps, des réactions émotives se produisent parfois. Par contre, le tout est fait en douceur, puisqu'il s'agit d'énergies positives.

Les effets sont aussi doux et subtils. Vous pourriez avoir une soudaine révélation pendant ou après une séance, mais cela est plutôt rare. Lorsque cela se produit, c'est que vous étiez déjà prêt à recevoir ce message. Normalement, les effets se font sentir dans les jours suivants, parfois même quelques semaines plus tard, selon le domaine de votre vie qui est touché.

Le Reiki… Je me souviens de ma première séance, les effets vont si loin et à des niveaux si profonds que je crois que plusieurs années plus tard, ils se font encore sentir. J'y suis d'abord allée par curiosité. La formation me tentait, mais je me suis dit que sans essayer une séance sur moi, cela pourrait être un investissement risqué. Je me rendis donc rencontrer cette jeune Française, de passage au Canada, qui s'était arrêtée ici quelques semaines. Elle m'expliqua que pendant le traitement, je pouvais avoir envie de rire ou de pleurer et qu'il fallait que je me laisse aller, que je vive pleinement le moment présent. Sans tout raconter de cette séance, je peux dire que le moment le plus intense fut lorsqu'elle passa au niveau du plexus solaire. Je venais de sortir d'une situation relationnelle très désagréable et je me sentais libre, j'avais véritablement envie de rire, je sentais cette joie éclater en moi, je me sentais revivre. Je portais un grand manteau noir d'hiver. À mon départ, j'aurais plutôt porté des vêtements jaunes éclatants, car cette couleur représentait réellement mon état. J'ai pu méditer sur tout ça et surtout retrouver mon état de joie intérieure pure chaque fois que je me sentais maussade. Cette séance était devenue un point d'ancrage positif.

Vous avez peut-être entendu parler de techniques de guérison ou de soins par les énergies différentes du Reiki. À vous de voir laquelle vous va le mieux. Si vous en avez les moyens, car souvent ces techniques sont plutôt onéreuses, essayez-les et voyez leurs différences. Sinon, demandez à des amis de vous décrire leur expérience en détail. Et si vous n'avez que peu d'argent, regardez dans Internet, on y offre parfois des séances gratuites de partage ou encore des services payés grâce au troc.

Jour 75 : Faire un choix et noter ses expériences

Choisissez parmi les techniques de guérison vues et inscrivez dans votre journal de bord laquelle ou lesquelles vous intéressent et pourquoi.

Si vous connaissez une personne malade, vous pourriez même dresser un plan d'action avec elle. Écrivez les étapes et rajustez-vous à la suite de cette expérience. Par exemple, en notant le nom de la personne à soigner, on dirige déjà ses pensées et ses énergies vers elle. Puis, notez sa maladie et ses symptômes. Ensuite, trouvez la méthode de guérison qui vous inspire le plus et planifiez : où, quand et comment. Laissez de l'espace pour ajouter les résultats obtenus.

Si vous désirez essayer un soin pour vous, prenez le temps de faire des recherches dans Internet. Les soins peuvent être très intéressants, mais il faut aussi bien choisir le guérisseur. Allez-y par référence, par exemple une suggestion d'un ami ou encore des commentaires dans Internet. Cette personne doit nous inspirer confiance, ainsi les énergies passent mieux et les effets sont plus clairs.

N'oubliez pas que toute méthode peut aussi être tentée. Les techniques de guérison sont très vastes, laissez votre inspiration vous guider.

Les rituels peuvent aussi servir à guérir une personne, sans l'obligation de posséder plusieurs dons.

Les prières, que ce soit aux anges ou à des dieux, peuvent être très efficaces elles aussi. L'impact de la prière sera bien sûr basé sur la force de votre croyance. Les visualisations, où l'on voit la personne prendre du mieux et guérir, peuvent donner des résultats surprenants. Prenez donc le temps de réfléchir à ce que vous souhaitez faire et dès que vous le pourrez, commencez les essais !

Semaine 16 : Pouvoirs psychiques

Jour 76 : Ce qu'ils sont

Nous voici rendus à la semaine la plus ésotérique, la plus mystique. Nous avons vu des techniques qui utilisent la télépathie, le pouvoir de guérison des mains et plusieurs autres. Des techniques que la science elle-même explique partiellement, notamment grâce à la caméra de Kirlian capable de photographier une aura. Cette dernière permet de photographier un halo lumineux d'une largeur d'environ 1 à 3 centimètres autour d'une personne ou même d'un objet. Certains spécialistes peuvent ainsi analyser la personnalité d'une personne et même plus grâce à la photographie prise. J'ai été témoin de l'évaluation d'une amie. On lui a appris des choses vraiment surprenantes.

Cette fois, la matière que nous allons voir n'a pas d'explication ou encore très peu. Nous travaillerons avec nos capacités psychiques, la force brute de notre esprit. Vous verrez à quel point les exercices sont présentés simplement, mais à quel point aussi leur explication est complexe. Pour savoir si vous êtes capable de le faire, il faut simplement essayer, sans poser de question. Il faut tenter, sans avoir d'attente, il faut le faire sans chercher un mode d'emploi. Nous essayons donc cette fois la méthode la plus abstraite et difficile à saisir.

Certains d'entre vous pourraient obtenir des résultats rapidement, tandis que d'autres n'en auront peut-être jamais. Il est de ces personnes qui, lorsqu'elles souhaitent du mal à quelqu'un, semblent causer de véritables malheurs dans la vie de leur victime. C'est un exemple, très négatif, de la puissance de notre esprit. Il est clair que, dans notre cas, nous souhaitons utiliser ce don pour le bien.

Encore une fois, on pourrait dire que les événements qui se sont produits à la suite de nos souhaits sont de simples coïncidences. Oui, c'est possible. Si vous croyez au hasard. Mais lorsque le même phénomène se reproduit à nouveau, et encore, il ne s'agit plus d'une suite d'événements hasardeux. C'est aussi l'une des difficultés de l'utilisation de notre psychisme, il est plus dur à quantifier et à qualifier.

Le pouvoir de notre esprit se divise souvent en trois parties distinctes, mais qui travaillent les unes avec les autres en harmonie.

- Le pouvoir de la volonté
- La puissance de l'esprit
- La maîtrise des énergies

On dit que la foi peut déplacer des montagnes, c'est aussi le cas de la volonté. Cependant, un vœu ne se réalisera pas automatiquement. La volonté est la force brute qui fait avancer vers un but. Pour l'atteindre, il faut aussi un chemin qui y conduit. La puissance de notre esprit est ce chemin. Elle remplace nos mains et nos pieds qui nous permettent de nous déplacer et de tant faire. La puissance est la voie canalisatrice qui conduit dans la bonne direction, étroite et droite, qui permet de ne pas s'éparpiller.

Sans carburant, sans énergie, où pourrions-nous aller ? C'est avec la maîtrise des énergies que le trio se complète. Il n'est pas nécessaire de pratiquer des techniques énergétiques pendant des années pour maîtriser les énergies à diriger vers notre but. Notre volonté et notre esprit s'en chargent. Les énergies nous entourent depuis que nous sommes sur terre, il suffit de vouloir, pour que le reste se déclenche. Cette fois, oui, il est possible que bien du temps passe avant d'obtenir des résultats. Soyez patient pour cette avant-dernière semaine d'exercices.

Surtout, ne croyez pas que les pouvoirs psychiques sont complexes et difficiles à obtenir. Ils se situent aussi au niveau simple de la volonté. Nos souhaits et désirs se transforment et naissent dans la réalité lorsqu'on réussit à leur donner assez d'intensité. Je me souviens de ce jour, à 17 ans, où indécise quant à mon avenir, j'étais assise sur le bord de mon lit. Je me demandais où je pourrais bien travailler. Le centre-ville me venait en tête, je voyais aussi mon environnement de travail, mes collègues… À cet instant, je me suis dit : « Voyons, c'est impossible, si je ne fais pas de meilleures études, je n'irai jamais travailler là… Mais pourtant, j'aimerais vraiment y être. »

Cinq ans plus tard, je m'y suis retrouvée et j'y suis encore aujourd'hui, au moment où je tape ces lignes. Je me demande si mes souhaits, ceux qui sont fortement ancrés dans mon esprit depuis quatre ou cinq ans, se réaliseront bientôt. Le temps le dira, mais l'analyse de tous mes souhaits à travers le temps est positive, même sur de courtes périodes. À l'inverse, je me souviens aussi d'une femme qui concentrait toutes ses énergies à penser à des personnes négatives ou à parler de celles-ci. Chaque jour, elle racontait à quel point elle ne voulait pas devenir comme elles. Chaque jour… jusqu'au jour où elle est devenue identique à ces gens. Nos pensées sont créatrices. Comme je l'ai lu un jour : « Fais attention à ce que tu vises, tu pourrais bien toucher la cible. » Il est important de comprendre que nous avons tous ce pouvoir, nous sommes les seuls maîtres de notre destin, apprenons dès maintenant à bien viser, et dans la bonne mire.

Jour 77 : La télépathie

Pour bien commencer les exercices sur notre force psychique, quoi de mieux que de tenter quelque chose de très simple ? Nous avons déjà touché à la télépathie, lors des exercices de communication avec les guides. Ces messages sont très subtils et très doux à recevoir.

Cette fois, nous tenterons un contact plus direct, d'humain à humain. S'entraîner à la télépathie n'est pas difficile et tout le monde peut y parvenir. Toutefois, il est possible que vous soyez plus récepteur ou émetteur, ce sera la même chose pour votre partenaire d'entraînement. Si vous le pouvez, faites les essais avec des personnes différentes afin de trouver votre combinaison émetteur-récepteur.

La plupart du temps, bien que cette sensation puisse varier d'une personne à l'autre, on ressent une sensation au niveau du troisième œil lorsque nous envoyons des pensées. À l'inverse, nous ressentons une sensation derrière le crâne, au niveau du cervelet, lorsque nous recevons une pensée. Si vous éprouvez des difficultés, tentez de visualiser ces entrée et sortie.

Pour cet exercice, il faut tout d'abord se tenir dans une pièce tranquille et être calme. Puis, il faut faire le vide, se concentrer et se recentrer sur la personne visée, seulement elle. Il ne doit y avoir dans notre esprit que cette personne et nous, les deux seules créatures de l'univers. Lorsque le lien créé est solide et isolé du monde, on se répète alors un mot, l'effet répétitif de l'invocation est alors en jeu, on effectue une sorte de transe des mots. Puis, si cette répétition ne vous donne pas de résultats, c'est alors qu'il faut lâcher prise, rester fixé sur la personne, tout en laissant l'énergie faire son travail sans la retenir.

Demandez à la personne si elle a reçu un mot, une image, une sensation ou autre chose. Cela correspond-il ?

Sinon, on peut utiliser les cartes de Zener. Elles portent un cercle, une croix, des vagues, un carré et une étoile. Le principe en est très simple. L'un choisit une carte, sans le dire à l'autre, puis envoie par pensée l'image de cette carte. La personne qui reçoit doit annoncer la bonne carte du premier coup ou du second, mais pas plus pour un bon exercice.

La distance n'a aucune influence sur la télépathie. Que je sois au Québec et vous en Europe n'a aucune importance. Il suffira de bien se connecter, en prenant soin de se concentrer avant et vous obtiendrez de bons résultats.

Il est aussi possible de tenter le même exercice avec des couleurs. Assurez-vous que ces dernières soient très différentes, par exemple : bleu, rouge, vert et jaune. Essayez les deux méthodes si vous le pouvez, vous aurez probablement plus de facilité avec l'une qu'avec l'autre. Vous verrez avec le temps que votre côté émetteur ou récepteur ne sera plus aussi fort, vous vous équilibrerez et serez autant capable de recevoir que d'émettre.

Sur mon site Web, nous avions organisé jadis des ateliers sur la télépathie basés sur les cartes de Zener et sur des images mentales données au hasard. À une heure précise, nous nous réunissions en clavardage pour faire des essais. En groupe, cela était très drôle, certains ne trouvaient jamais, mais leurs réponses étaient rigolotes et on s'amusait énormément. Au cours de l'un de ces ateliers, la plupart des gens sont partis vaquer à leurs occupations quotidiennes et je suis restée seule avec un membre du site. Nous avons fait des essais à deux. À ce moment, le sérieux est revenu et la connexion devint très intense. Nous avons fait 10 essais et un seul a raté ; de chaque côté, le même résultat. Nous pouvions donc autant envoyer que recevoir. Depuis ce jour, quand je me demande ce qu'il advient de lui, il vient me donner des nouvelles. Et le courant, pouvant passer des deux côtés, me laisse avoir quand cet ami m'a écrit un courriel (dans un délai de 15 minutes près).

Jour 78 : Ordres mentaux

Comme nous l'avons vu en introduction de cette semaine, nous ferons des exercices plutôt difficiles. Nous y sommes. Vous aurez deux atouts possibles à utiliser. Votre volonté doit être très forte, je dirais même une volonté de fer. Mais aussi, il faudra que votre croyance en ce que vous faites soit aussi au même niveau. Posséder ces deux capacités est déjà tout un défi. Même si elles ne sont pas au sommet, vous pouvez faire des essais quand même. Il est possible que le simple fait d'essayer, sans pression, vous permette d'obtenir des résultats. Et lorsque vous aurez eu une seule réussite, votre volonté et votre croyance seront automatiquement augmentées.

Le tout premier exercice est très simple. Il est plus agréable de l'essayer en hauteur ou alors à partir d'un endroit où vous êtes à demi dissimulé. Par exemple, si vous habitez au troisième étage d'un immeuble, placez-vous au bord de la fenêtre. Lorsqu'une personne passera sur le trottoir en bas, fixez-la en lui disant mentalement de se retourner vers vous. Vous serez surpris de voir combien de personne regarderont en haut, alors qu'en temps normal, personne n'aurait levé la tête vers votre fenêtre.

Si vous vous trouvez dans une cour ou dans un véhicule immobile, faites la même chose. Attention de ne pas être vu pour ne pas fausser les résultats. Les gens ne doivent pas être portés à regarder sans raison dans votre direction. Ne demandez rien à ces gens qui pourrait aller contre leur volonté. Par exemple, on ne donne pas d'ordre mental à des gens dans le métro pour les faire descendre à une station autre que la leur. Et cela pour deux raisons.

La première étant qu'il y aura un combat d'énergie entre vous et elle, c'est-à-dire un combat de votre volonté contre la sienne. La personne qui possédera le plus de force, ou même de stabilité, pourra l'emporter. Ce n'est pas une chose souhaitable moralement, et encore moins lors d'entraînement.

La deuxième : vous détournez une personne de sa route. Nous vivons tous sur une sorte de toile énergétique, chaque personne étant un pont pour une autre. En modifiant le cours normal du cheminement d'une personne, nous modifions aussi plusieurs aspects qui nous échappent totalement. Préférez donc des demandes toutes simples et qui n'iront pas à l'encontre de ce que la personne peut être en train de vivre.

Ces ordres mentaux peuvent être utilisés dans plusieurs domaines ou événements quotidiens. Par exemple, ils peuvent servir à calmer une personne qui est en détresse ou agressive. Ils peuvent ramener à la raison une personne qui se laisse emporter par les émotions ou, au contraire, ils peuvent libérer une personne qui a peur de s'écouter. Les possibilités sont multiples, écoutez votre intuition pour les connaître et votre conscience pour les utiliser.

Jour 79 : Ubiquité

Nous allons combiner encore plus de dons et de capacités, pour atteindre un niveau plus difficile. Nous utiliserons, cette fois, la force de notre esprit, mais aussi notre capacité à ressentir, à projeter et à voir à distance.

L'ubiquité, qui est la capacité d'être à deux endroits à la fois, nous offre la possibilité de voir à distance un endroit, comme si nous y étions, mais tout en restant où nous sommes. Elle nous offre la possibilité d'être aux côtés d'une personne que nous aimons, exactement comme si nous y étions physiquement. Elle nous permet de nous rendre dans des endroits, mais sans faire face à leurs possibles dangers, dans le cas du voyage astral, par exemple.

Il s'agit d'une forme de dédoublement de notre esprit ; nous restons dans notre corps, bien conscient, tout en étant ailleurs. Cependant, nous ne quittons pas notre corps, il s'agit vraiment d'une sorte de division ou même plutôt d'une duplication. La religion chrétienne dit que Dieu est partout à la fois et que les anges peuvent soutenir plusieurs d'entre nous tous en même temps.

Il s'agit en fait du même concept. Sans que notre corps en soit touché, notre conscience s'étend et se projette assez loin pour que nous soyons ailleurs sans même nous déplacer. Ça serait comme dire que Dieu a une conscience si vaste qu'il peut être partout à la fois.

Pour utiliser l'ubiquité, il faut se concentrer sur le but visé. Par exemple, pour être présent aux côtés d'une personne, il faut s'entraîner éveillé. On doit penser constamment à cette personne. Il est par contre impossible de penser à une personne à chaque minute, jour et nuit. Dans ce cas, notre subconscient s'en charge. Ainsi, vous lui dites que vous souhaitez penser à quelqu'un, dans un but précis, mais sans vous épuiser. À certains moments, dans la journée, vous vous souviendrez que vous avez décidé d'être concentré sur la personne en question. Cela vous remontera en mémoire, un peu comme lorsqu'on se souvient qu'on avait une tâche à accomplir et qu'on l'avait oubliée.

Vous pourrez dire à votre subconscient, simplement par la volonté, d'arrêter de diriger vos pensées vers cette personne. Puis, vous pourrez confirmer avec elle comment elle s'est sentie.

Un jour, j'ai rencontré une personne télépathe, on a discuté et on a décidé de faire un exercice ensemble. Je devais penser à elle le lendemain, comme ça, durant la journée. Je pense donc à elle le matin, puis l'idée me revient en tête et je pense à elle à nouveau. Cette pensée s'installe dans mon subconscient et y reste. Un peu comme une tâche qui doit être accomplie et qui remonte à la surface toutes les 15-20 minutes. J'ai ainsi pensé à elle, de façon périodique mais constante pendant environ 16 heures. Lorsque je l'ai revue, elle m'a raconté avoir ressenti une présence, comme si quelqu'un avait été assis à ses côtés toute la journée. Elle avait aussi l'impression qu'elle était protégée, que peu importe ce qui arriverait, quelqu'un veillait sur elle. Cette dernière connaissait bien les différentes entités qui nous entourent, les esprits et autres, mais elle me confirmait qu'elle avait bien senti autre chose. « C'était un être humain, la présence d'une véritable personne », me confia-t-elle. Notre essai de télépathie avait échoué, mais c'est grâce à cela que j'ai commencé mes recherches sur l'ubiquité et que j'ai découvert une autre des possibilités de l'esprit humain.

On peut aussi se servir du don d'ubiquité pendant une séance de méditation. Cette fois, on visera un endroit ou une personne en particulier et on demandera à notre subconscient d'agir afin qu'il garde un lien constant. Vous pourrez projeter votre esprit vers l'endroit visé et en voir l'aspect, autant physique qu'énergétique. C'est une technique intéressante lorsque nous vivons une situation difficile. Nous pouvons avoir un recul considérable en observant les choses ainsi. Nous obtenons une vision différente car nous ne sommes pas vraiment présents.

Ce sont des techniques plutôt poussées, ne croyez pas avoir des résultats rapides si vous les tentez. Surtout, ayez des buts positifs, les bonnes énergies circulent à travers tout sans limitation, vous atteindrez votre but beaucoup plus facilement.

Jour 80 : Faire un choix et noter ses expériences

Nous sommes arrivés à la fin de cette semaine psychique. Elle vous a probablement donné des idées ou inspiré sur des concepts que vous ne connaissiez peut-être pas. Les capacités de l'esprit humain étant plus grandes que nous le pensons, il aurait été facile d'ajouter encore plus d'exercices. Mais nous y sommes allés de la façon la plus concrète et réaliste possible.

Pour revenir sur les intentions positives qui doivent exister lorsque vous faites vos essais, il importe que vous soyez en harmonie avec vos essais. Toute pensée négative dégage une énergie négative. Tout ce que nous dégageons revient au principe de l'aimant dont nous avons parlé rapidement dans les pages sur le magnétisme. Les énergies qui sont autour de vous, qui vivent en vous et dans votre environnement, sont votre aimant.

C'est donc grâce à de bonnes pensées que vous agissez mieux et réagissez mieux. C'est en faisant de bons gestes que vous obtenez de bonnes réactions des autres. Ainsi de suite. Même s'il s'agit d'une utilisation de vos pouvoirs qui ne peut être perçue, les mêmes règles s'appliquent. Votre pouvoir psychique agit aussi au niveau de l'astral et des énergies, il est donc encore plus important d'agir pour le bien lorsque vous faites des essais.

Prenez donc le soin de revenir aux méthodes de préparation vues au début de ce livre, si besoin est. Par exemple, se vider la tête, évacuer le négatif et faire un bon ménage, avant d'utiliser la force brute de votre esprit. J'ai confiance que vous ferez des exercices enrichissants qui vous permettront de gagner en confiance et qui sauront vous inspirer de nouvelles possibilités sur les dons découverts.

Semaine 17 : Pouvoirs divers

Jour 81 : Des rêves prémonitoires

Pendant la dernière semaine d'exercices, nous tenterons de varier les essais. Je vous propose des méthodes toutes simples qui vous permettront d'utiliser un don ou encore plusieurs en combinaison. Si vous avez envie de développer votre voyance, mais que vous n'y arrivez pas, il est possible de le faire grâce aux rêves. Avant toute chose, il faut que vous soyez capable de vous souvenir de vos rêves.

Si vous en êtes incapable, voici une technique simple et concrète qui vous y aidera. Le cerveau agit comme un ordinateur. Nous commandons à notre main de bouger, elle bouge. Sachant cela, une technique a été développée afin de programmer le cerveau et qui a même des usages multiples, comme arrêter de fumer, faciliter la détente pour réduire le stress, et plus encore. Il s'agit donc de programmer notre cerveau afin qu'il puisse garder en mémoire les rêves de la nuit à notre réveil.

Pour cela, il faudra prononcer la phrase choisie pendant 21 jours, chaque jour. Si vous manquez un jour, il faudra recommencer du début. Tout juste avant d'aller dormir, vous serez dans un état plus calme, détendu, entre l'éveil et le sommeil, ce qui améliorera l'effet de la phrase de programmation.

Dites quelque chose de simple comme : « À mon réveil, je me souviens de mes rêves. » « À mon réveil, les rêves de la nuit me reviennent en mémoire. » Tentez d'adapter la phrase à votre réalité. En trouvant les mots qui sonneront bien à votre oreille, elle sera automatiquement plus en lien avec votre subconscient. La phrase doit être positive et active et contenir des mots et des verbes conjugués au présent, et non au futur.

Après 21 jours, ou même avant, vous devriez commencer à vous souvenir de vos rêves. À tout le moins, avoir en tête une image, une scène, ou simplement un sentiment que le rêve vous a laissé. Pour vous aider, gardez un petit carnet près de l'oreiller. Au réveil, notez tout ce qui vous vient en tête, peu importe ce que c'est. Plus vous direz la phrase et plus vous écrirez vos rêves, plus ceux-ci devraient revenir à la surface.

Après cette étape, vous devriez vous souvenir de vos rêves tous les soirs, ou encore toutes les fois où vous aurez fait la demande à votre cerveau avant d'aller dormir.

Nous pouvons donc passer à la programmation de rêves prémonitoires. Nous faisons exactement la même programmation, mais cette fois, nous changeons la phrase : « Cette nuit, l'avenir m'est révélé grâce à mes rêves. » Si vous voulez savoir quelque chose de précis, il faudra alors l'ajouter. « À mon réveil, je saurai comment "telle" situation va se dérouler. » Vous devez à nouveau adapter la phrase à votre réalité, la construire dans vos mots pour que votre subconscient l'accepte et l'utilise. La nuit porte conseil, parfois il faut aussi lui donner un petit coup de pouce.

Jour 82 : L'empathie

Nous touchons cette fois à un don qui semble beaucoup plus répandu chez les femmes. Il s'agit du don d'empathie, celui de ressentir les émotions des autres, comme si nous les vivions nous-même. Vous devez déjà posséder une forme de maîtrise de soi avant de tenter de développer ce don. Si vous ne maîtrisez pas vos propres émotions et que vous ne les comprenez pas, vous pourriez, avec le temps, les confondre avec celles des autres. Il faut donc vous assurer que vous connaissez vos émotions ; sachez comment elles s'expriment avant de tenter l'expérience. Lorsque vous ressentirez l'émotion d'une autre personne, vous saurez tout de suite qu'il s'agit d'empathie et non pas d'un état personnel.

Vous pouvez tenter l'expérience en personne, avec quelqu'un qui sera devant vous et qui vous racontera une histoire. Tentez d'aller au-delà des mots, tentez de voir plus loin, de ressentir ce qu'elle vous dit. Il est possible que la personne ne mette pas l'accent sur ce qu'elle vous raconte et que l'histoire vous soit présentée plus calmement qu'elle ne devrait l'être. Si c'est le cas, l'émotion ressentie en vous sera plus forte que ce que votre côté rationnel aura réussi à décoder grâce aux mots prononcés par la personne.

L'exercice est encore plus intéressant si vous pouvez le faire en ligne. Cette fois, il est impossible de tricher, nous n'avons pas les traits du visage de la personne qui se modifient selon le récit, ou encore l'intonation de la voix qui en dit parfois plus long que les mots eux-mêmes.

Si vous le pouvez, faites des exercices pour tenter de ressentir les émotions de la personne avec qui vous clavardez. Que ce soit de façon générale ou précise. Analysez tout ce qui vous vient, sans penser aux pourquoi ni aux comment. Il est préférable de faire l'exercice avec une personne qui ne vous est pas proche, par exemple un contact international sur un forum. Ainsi votre côté rationnel ne peut intervenir avec les informations qu'il détient déjà sur la personne concernée.

Si la personne vous dit qu'elle va bien, mais que vous ressentez autre chose, demandez-lui si elle vous a bien dit la vérité. Questionnez-la, sans trop insister, en lui expliquant que vous avez une impression contraire. La plupart du temps, un joli « oui, je vais très bien » cachait autre chose. Suivez vos sentiments pour la questionner et mener la discussion dans une autre direction.

Quelqu'un savait toujours comment je me sentais. Quoi que je dise, quoi que je tente de lui faire croire, impossible de lui mentir. Pourtant, cet homme vivait en France et moi j'étais chez moi, au Québec, bien cachée derrière mon écran d'ordinateur, sans aucune caméra Web pour trahir mes émotions. Parfois, j'étais fâchée, j'avais envie de rester toute seule avec mes petits problèmes, je n'avais pas envie qu'une personne s'en fasse pour moi pour si peu. Par contre, les fois où j'étais triste et ne pouvait me confier à personne, c'était très libérateur. Il me demandait simplement « comment ça va ? » et bien sûr je lui répondais « bien et toi ? ». La conversation suivait son cours mais il revenait en disant : « J'ai l'impression que ça ne va pas, je ressens de la tristesse, tu as passé une mauvaise journée ? » « Mais non, ça va, y a rien de spécial… » « Pourtant c'est très intense, on dirait que tu… » Et là, il décrivait exactement mon sentiment. Il réussissait à me faire dire des choses dont je n'avais pas envie de parler et cela apaisait grandement mon esprit. Chaque fois, il était aussi heureux que moi de la conclusion de notre bel échange.

L'exercice présent développe l'empathie, mais vous apprend aussi à décoder les gens selon les émotions et non selon leur apparence physique. C'est tout simplement une autre façon de voir et de comprendre les gens qui nous entourent. Ça touche aussi à la voyance, car avec beaucoup d'expérience, on peut dresser un profil psychologique d'une personne simplement en la rencontrant quelques minutes.

Ce don pourra vous apporter des atouts supplémentaires lorsque vous rencontrerez quelqu'un. Si la personne semble froide, vous pourrez ressentir ce qu'elle vit et la comprendre. Et cette fois, vous ne serez pas atteint par son attitude ; au mieux, vous lui offrirez un peu de compassion.

Jour 83 : Communiquer avec les animaux

Puisque nous avons vu une forme de communication à distance hier, pourquoi ne pas continuer dans cette voie ? Noùs avons vu le pouvoir de la télépathie et des ordres mentaux. Ces derniers se passaient tous entre êtres humains. Or, il est possible de communiquer avec tout ce qui vit.

Le meilleur exemple sera, bien sûr, celui de communiquer avec les animaux. Comment savoir si vos animaux aiment leur endroit pour dormir, s'ils apprécient leur nourriture ? Et surtout, comment comprendre les signaux qu'ils tentent de vous donner pour vous montrer leur mécontentement ?

Grâce à la télépathie, vous pourrez essayer de décoder leur langage. Premièrement, asseyez-vous près de l'animal et tentez de lui envoyer une image, une émotion et voyez s'il réagit. Il est possible qu'il vienne vers vous car vous le fixez et il se demande pourquoi. Réessayez donc l'exercice à différents moments. Par exemple, lorsqu'il a le dos tourné et qu'il ne vous voit pas.

Les animaux sont très instinctifs, le tout se passera donc beaucoup plus sous forme d'impressions et d'émotions qu'autre chose. Lorsque vous voyez qu'il réagit bizarrement, tentez d'établir le contact, comme vous le feriez avec un être humain et laissez-vous porter par les sensations qui vous parcourront.

Cela dit, il est aussi possible de communiquer avec des êtres encore moins loquaces. Il est déjà étrange de dire que les plantes réagissent à la musique et aux belles paroles qu'on peut leur dire. Il vous semblera peut-être encore plus étrange de tenter une télépathie avec elles. Mais si l'idée vous plaît, faites-le. Tentez de voir si elle est bien, manque-t-elle de vitamine ? Aime-t-elle la plante qui est placée tout près d'elle ?

J'ai connu une personne qui avait des plantes en quantité… elle vivait dans un vrai jardin botanique. Elle avait, comme on dit, le pouce vert, mais ça semblait être plus poussé. La communication entre elle et ses plantes était si fascinante qu'on aurait pu jurer qu'elle leur parlait. C'est bien ce qu'elle m'a avoué ensuite : elle savait de quoi elles avaient besoin, elle leur parlait mentalement comme si elle pouvait avoir une conversation avec elles. Vous auriez dû voir ses plantes ! Magnifiques ! Et elle en rescapait qui étaient à l'agonie, et qui, quelques semaines plus tard, étaient méconnaissables, tant elles étaient devenues superbes. C'est grâce aux informations précises qu'elle pouvait obtenir d'elles qu'elle savait comment réagir et quoi faire pour les guérir.

Amoureux de la nature, vous pouvez même continuer encore plus loin sur cette route. Il n'y a pas que la faune et la flore qui peuvent vous envoyer des messages. Certaines personnes savent aussi parler aux pierres, les semi-précieuses, celles qui ont été retrouvées dans des mines et qui sont parfois vieilles de plusieurs milliers d'années. Comme les animaux, elles sont parfois considérées comme de vrais êtres vivants qui peuvent nous transmettre leur savoir. Cette fois, inutile de consulter les définitions des pierres, prenez-en une dans vos mains et questionnez-la sur ce qu'elle peut vous apporter.

Si nous continuons dans cette direction, les arbres aussi sont des créatures très anciennes qui ont vu beaucoup de choses se dérouler devant eux. Certains ont vu de grandes guerres, d'autres des scènes d'amour incroyables. Certains, étudiant des voix près de la nature, croient que nous pouvons considérer les arbres comme des anciens, comme de grands conseillers.

Il est donc simple de comprendre que la télépathie ne se limite pas à un seul usage. Cela dit, il en est de même pour tous les dons que nous avons vus jusqu'ici. Vous pouvez facilement en découvrir de nouvelles utilisations et découvrir des dons qui n'auront pas été nommés. Ne vous laissez donc pas limiter par des obstacles qui n'existent pas et tentez tout ce qui vous vient en tête.

Jour 84 : Détecter ceux qui ont des dons

Vous avez des dons, ils ont des dons, nous avons tous des dons. Ça, vous l'avez compris. Par contre, nous n'avons pas tous les mêmes capacités, ni les mêmes possibilités. Cela est merveilleux puisque ça nous permet de pouvoir nous aider et nous soutenir.

À la suite de la découverte de vos dons, avec qui pourrez-vous partager sur le sujet ? Probablement que vous chercherez dans Internet des gens qui auront lu ce livre ou qui seront membres de sites ésotériques. Peut-être que vous oserez questionner une personne qui visite la section ésotérique de la bibliothèque. Il est parfois difficile de partager avec les gens qui se sont éveillés à leur potentiel spirituel puisque la société est encore fermée à ce sujet. Elle craint les gens hors normes, car elle ne sait pas où ils vont et ce qu'ils pourraient changer en elle.

Cette crainte provient de nous tous, car l'humain, à la base, est une créature qui redoute le changement. Il n'est donc pas simple de trouver une personne qui nous comprenne, même lorsqu'on se joint à des groupes de pratiquants, que l'on nomme parfois des cercles ésotériques. Nous comprenons peut-être le sujet, mais nous ne cheminons pas tous sur la même voie.

Il est possible d'utiliser vos capacités pour ressentir les gens qui ont des dons. Par exemple, certains ressentiront une sensation au niveau du troisième œil ; celui-ci s'active alors que vous regardez une personne dans le métro. Ou encore, vous ressentez un de vos autres chakras, au niveau du cœur ou du ventre, qui s'active et veut s'ouvrir. Probablement pour mieux ressentir la personne et mieux l'accueillir.

Il est possible que vous « voyiez » tout simplement les capacités de cette personne, que vous soyez même capable de les nommer et de les quantifier en intensité. On pourrait dire qu'il s'agit du don de ressentir les gens qui ont des dons. Si cela arrive un jour, contentez-vous de chercher si cette personne correspond à votre cheminement personnel. De voir si elle pourrait être une bonne personne avec qui discuter de vos dons ou non. Ne cherchez pas à trouver chacun de ses dons, ni à fouiller en elle ; si vous avez cette capacité, bien sûr.

La plupart des gens qui ont des dons ressentiront que vous les « scannez » et ils n'apprécieront pas. Si vous évaluez les gens respectueusement, il est même possible que ce soit la personne visée qui vienne vers vous. Elle aura ressenti, elle aussi, que vous avez les mêmes ambitions.

Peu importe, vous n'êtes pas seul. Et plus le temps avance, moins vous le serez. Vous pouvez faire cette recherche dans la rue, au travail, où vous voudrez. Probablement que vous aurez des surprises à propos de personnes que vous connaissez. Toutefois, faites attention, certaines peuvent dégager un pouvoir intense, mais ne pas connaître leur potentiel, ni être prêts à le découvrir. Allez-y donc doucement dans votre approche.

Je dois avouer que pour ce qui est de découvrir ceux qui ont des dons, je n'ai pas utilisé cette technique la première, j'en ai plutôt été « victime ». Lors d'une entrevue pour un poste, la personne me demande si je suis bilingue, je réponds oui. Elle me dit : « Alors, tu parles français ? » « Oui. » « L'anglais ? » « Oui. » « La gargouille ? » « Euh... quoi ? c'est quoi ça ? » Elle me répondit : « Oh ! laisse tomber, je voulais blaguer, mais c'est pas grave, je me comprends. » Ce n'est que plus tard, en discutant avec elle qu'elle me confia, tout en usant de mots très vagues, avoir ressenti quelque chose d'étrange chez moi... de différent. Je lui confirmai le tout. Et elle de s'exclamer : « Je le savais !! je le savais ! » Dès lors, j'ai tenté de scanner les gens aussi, et finalement... nous sommes beaucoup plus nombreux que je ne l'aurais cru. Et le potentiel latent est assez impressionnant lui aussi.

Jour 85 : Faire un choix et noter ses expériences

Nous en sommes à la dernière semaine d'exercices, vous pourrez donc faire un dernier choix avant de retourner lire un peu de théorie pour compléter vos démarches. Je vous invite à nouveau à choisir un exercice parmi ceux présentés cette semaine. Notez vos impressions et résultats afin de garder une trace concrète de votre cheminement.

J'insiste, car cela est très important. Si vous avez envie de tenter une méthode qui n'est pas décrite ici, que vous en ayez entendu parler ou encore une pure création de votre esprit, faites-le. Cette idée a quelque chose à vous enseigner, que la méthode réussisse ou non.

Vous êtes et serez toujours votre meilleur guide, votre seul et unique maître. Je vous donne des pistes, des routes possibles à suivre, mais le chemin est parcouru grâce à vos efforts et les résultats obtenus sont les vôtres. Ils sont là parce que vous l'avez souhaité.

Les dons énumérés ici ne sont que des exemples, tout comme les exercices. Vous pouvez découvrir des dons tout à fait différents en fonction de votre intérêt, de vos capacités, et surtout de votre cheminement et de vos expériences. Considérez ce livre comme le premier pas vous servant à faire tous les autres. Ouvrez votre cœur et votre esprit, ils sauront vous guider pour la suite des exercices pratiques à faire.

Récapitulons

Nous avons vu des exercices pratiques concernant sept domaines ésotériques. Vous pouvez ainsi tester très simplement les dons que vous pourriez posséder. Certaines techniques sont beaucoup plus simples que d'autres et vous offrent de meilleures chances de réussite.

La voyance sera peut-être plus facile à développer avec les essais qui vous demandent de deviner un résultat, par exemple avec les cartes. L'eau sera bien sûr le premier atout pour vous ouvrir à vous-même et pour éveiller votre voyance.

En magnétisme, le mieux sera de faire des expériences à deux. Vous pourrez ainsi partager sur ce que vous avez ressenti ou non. Un deuxième avis est très intéressant dans ce cas-ci, il vous permet de confirmer ce que vous percevez, sans vous laisser dans l'attente d'une conclusion.

Pour communiquer avec l'au-delà, les séances de méditation seront excellentes pour ceux qui méditent. Sinon, même si nous n'en n'avons pas parlé en détail dans cette section, le pendule est un outil simple et très efficace.

Vous aurez peut-être besoin d'un tout petit calepin dans lequel vous pourrez noter vos intuitions. Il n'est pas toujours facile de les écouter, surtout dans des moments décisifs. En les notant, vous permettrez à votre intellect de céder sa place. Il aura agi au niveau de l'écriture, ce sera ensuite au tour de vos sensations d'intervenir.

En guérison, l'exercice le mieux réussi est souvent celui de la boule d'énergie, les psyballs. Il est facile de ressentir l'énergie de ses mains, beaucoup plus que de tenter de la projeter. En prenant conscience de cette charge qui naît dans le creux des paumes, nous pouvons plus facilement entrevoir son potentiel.

Pour ceux qui se seraient découverts des affinités avec les pouvoirs bruts de l'esprit, la télépathie reste la plus intéressante et utile. Entre vous et vos proches, cela permet même d'améliorer la communication et de se comprendre… sans avoir à se parler.

Les dernières techniques abordées sont surtout présentes pour permettre de voir l'étendue des possibilités. Ce ne sont que de simples exemples qui doivent vous servir de muses pour utiliser vos dons.

Les exercices proposés vous permettront de vous entraîner au cours des semaines, même des mois à venir. Peu importe l'exercice choisi, faites toujours bon usage de vos dons. Toute énergie positive dégagée devient une charge qui vous entoure et attire du bien en retour. Profitez-en pour créer des chaînes et des cycles d'énergie bénéfiques, vous en bénéficierez et vos dons aussi !

Quatrième partie

Réalisation

Introduction

Dans les prochaines semaines, nous verrons les petits points qui demanderaient encore un peu de précisions. Nous verrons comment utiliser nos dons, des conseils et des idées d'utilisation. Nous verrons ensuite des méthodes qui permettent de diminuer leurs pouvoirs ou encore qui peuvent les faire dormir. Ainsi, vous pouvez cheminer en pleine confiance car vous maîtrisez la situation.

Puis, nous terminerons avec des suggestions supplémentaires, des petits atouts qui vous aideront à bien poursuivre votre entraînement.

Semaine 18 : Comment utiliser ses dons

Jour 86 : S'aider soi-même avant tout

Nous aborderons maintenant des informations plus théoriques, qui seront nécessaires pour compléter votre cheminement. Vous avez peut-être réussi certains exercices et vous vous demandez à présent comment ces nouveaux dons peuvent vous aider et comment les appliquer dans votre vie quotidienne.

Toute notion ésotérique a d'abord pour but de nous aider à évoluer. Ces connaissances nouvelles nous aident à avoir un regard différent sur la vie, à apprécier autrement les choses et les gens qui nous entourent. C'est la première utilité de vos dons.

En ce sens, les dons nous aident à comprendre que nous valons plus que ce que nous imaginons. Nous sommes plus que ce que la société fait de nous, nous avons des capacités qui dépassent les normes. Il ne faut pas par contre être prétentieux. Au contraire, il faut éveiller ceux qui sont autour de nous, car ils ont tous le même pouvoir.

Les dons servent à améliorer notre vie sous plusieurs aspects. Par exemple, avec la voyance, nous pouvons faire des choix plus avisés. Par les pouvoirs de guérison, nous pouvons préserver notre santé et augmenter la puissance de guérison de nos traitements. Ce ne sont que de simples exemples, mais les conséquences positives elles, vont bien plus loin.

Si chacun croit, la plupart du temps, qu'il faut utiliser ses dons pour aider les autres en premier, il en va tout autrement. Prenons un exemple simple. Si nous sommes malades, nous allons voir le médecin, et non une personne qui souffre de la même maladie que nous. De même, vous devez vous « soigner » avant même de penser à « soigner » les autres.

C'est pourquoi, il faut d'abord et avant tout vous aider vous-même. Il est quand même possible d'aider les gens, même si vous ne vous êtes pas aidé d'abord. Mais vous atteindrez très vite un plafond qui vous empêchera d'en faire plus. Apprenez à prendre soin de vous avant de prendre soin des autres. C'est en appliquant les notions sur vous et en acquérant de l'expérience que vous saurez mieux utiliser ces techniques sur les autres.

Commencez à voir quels outils vous offrent les dons et comment vous en servir dans la vie quotidienne. Les petits détails, qui seront parfois des changements minimes dans votre vie, peuvent faire toute une différence. Il ne faut rien sous-estimer, mais plutôt vous fier à votre intuition et à vos besoins.

Prenez le temps de vous faire du bien, sans aucune culpabilité. Vous le méritez. Nous donnons tellement aux autres toute notre vie, sans vraiment nous en accorder autant en retour. Les dons sont aussi là pour établir un équilibre entre le don de soi et les dons qui sont là pour soi. Nous verrons dès demain comment les utiliser pour autrui, mais d'ici là, et même au-delà, pensez d'abord et avant tout à vous.

Jour 86 : Aider les autres

En lisant ce livre, il vous est sans doute venu plusieurs idées de la façon d'utiliser vos dons avec des gens de votre entourage. Nous connaissons tous une personne qui est en difficulté ou en détresse. Les dons nous permettent d'aider ces gens, autrement qu'avec des moyens traditionnels.

Il est parfois simple de trouver une utilité concrète, parfois cela demande plus de réflexion et d'analyse. Avec le temps et la pratique, vous trouverez plus d'utilités et d'applications. Toutefois, on peut avoir envie d'aider les autres sans pourtant connaître une personne dans le besoin. La plupart d'entre nous ont déjà un cœur généreux qui aime aider. Nous avons tendance à vouloir donner de notre temps et de notre argent et il existe mille et une bonnes causes pour accueillir nos dons.

Cette fois, en utilisant nos dons psychiques, et non monétaires, nous pouvons aller au-delà du don habituel. Ces gens dans le besoin peuvent profiter de l'argent, mais ils peuvent aussi bénéficier de tout ce qui est énergétique. C'est le plus souvent la combinaison de ces deux formes de dons qui donne les meilleurs résultats.

Il est possible que vous ayez tout simplement envie d'améliorer votre environnement et d'attirer des personnes agréables et positives dans votre vie. C'est une excellente idée. Les dons nous servent à faire du bien aux autres et par la même occasion à échanger des énergies bénéfiques.

Cela attire vers nous ces mêmes énergies et c'est ainsi que nous changeons doucement, pour le mieux, et que les choses changent autour de nous aussi. Cela crée une sorte de roue, un engrenage du bien. Pour chaque geste fait dans une pensée positive, une réaction positive est obtenue.

Cette réaction aura un impact à son tour sur une personne ou une chose, qui touchera à nouveau quelqu'un d'autre. C'est la chaîne des événements, mais cette fois elle est bonne, contrairement à celles dont on entend le plus souvent parler. Par exemple, la chaîne de la violence, qui se transmet de l'un à l'autre et qui se brise si difficilement.

Avec ces nouveaux dons, profitez-en pour créer des chaînes positives, des cycles de bien qui toucheront des tas de gens et qui vous apporteront de la chance et des tas de « coïncidences » bénéfiques. Ces petits événements si anodins, mais à la fois si étranges dans leur synchronicité et dans tout ce qu'ils nous apportent finalement.

Parfois, le simple fait d'aider, puis de recevoir un remerciement et de voir le sourire, le bonheur de cette personne, est en soi bien assez pour nous faire vivre ce bonheur à notre tour. Il faut par contre bien prendre le temps de s'aider soi-même avant. C'est ainsi qu'on comprend mieux le mal-être des autres, qu'on détecte plus vite le problème qu'ils vivent, et qu'on trouve plus rapidement la solution dont ils ont besoin.

Jour 87 : S'en servir positivement

Vous vous demandez peut-être où sont les limites du bien et du mal lorsqu'on aborde les dons. Il ne s'agit pas de magie noire ou blanche qui nous dicte ce qui est mauvais et pas. En fait, vous êtes seul capable de déterminer si ce que vous faites est positif ou non. Vous savez, cette petite voix en vous, qui vous donne des conseils lorsque vous faites un geste. Ce qu'on appelle aussi communément « la conscience ». Ce que les animaux n'auraient pas d'ailleurs, et qui nous rendrait humain.

Il faut écouter cette voix et vous y fier. Vous « savez » au fond de vous si un geste est bien ou non, si une parole sera destructrice ou non. Il n'est pas nécessaire de faire une thèse philosophique sur le sujet, chacun est assez intelligent pour s'en rendre compte. Ce qui est plus difficile, c'est plutôt de suivre ses conseils sans répliquer. Quoi qu'il en soit, il existe des petites informations de base qui peuvent vous guider. La première notion est que le bien n'impose pas ses choix, il respecte toujours et en tout temps le libre arbitre.

Prenons l'exemple d'une personne qui voudrait utiliser ses pouvoirs psychiques afin d'obtenir le logement de son choix. La mauvaise façon de faire serait de viser le lieu et d'y penser très fort jusqu'à l'obtenir enfin. La méthode positive est de faire une liste. Quel type de logement recherchez-vous ? Combien de pièces ? Dans quel quartier ? Cette liste doit contenir tous les points les plus importants pour vous et pour votre famille, afin que tous soient à l'aise.

Cette fois, le meilleur logement viendra à vous, sans forcer les choses. Celui visé au départ n'était peut-être pas le bon ! Et en forçant les choses... il se produit souvent des situations désagréables par la suite. Situations qui ne se seraient pas produites si on avait suivi le courant de la vie.

Cela dit, le libre arbitre s'applique aussi lorsque vous ferez des choses pour les autres. Il est possible qu'une personne ne désire pas votre aide. Ce qui impliquera alors un combat de volonté, la sienne contre la vôtre. Et donc, une altercation totalement inutile, car il ne sert à rien de se battre pour le bien, il est toujours là et n'attend que notre appel. Il faudra donc attendre que la personne soit prête avant de faire des gestes pour elle.

Il est possible que vous souhaitiez agir pour le mieux, par exemple en aidant une personne à arrêter de fumer. Cela est louable, bien sûr, mais qu'en est-il du respect du libre arbitre de cette personne ? Si elle est accrochée à ses cigarettes, c'est qu'il y a une raison. En lui enlevant cela, elle pourrait s'accrocher à autre chose et la situation deviendrait bien pire. Assurez-vous donc que la personne vous reçoive à bras ouvert avant toute tentative.

Il est simple de savoir si un geste est bien ou non, il suffit de se poser la question. Chaque fois que vous aurez un doute, posez-vous la question et écoutez la réponse à l'intérieur de vous. Vous aurez indéniablement la bonne réponse.

Jour 89 : Utilisations concrètes

Pour clore cette semaine, il serait agréable de voir quelques utilisations concrètes de vos dons. Nous avons vu dans la semaine sur le magnétisme qu'il était possible de canaliser l'énergie à l'intérieur d'un objet. Il est possible de lui donner une propriété spécifique aussi si on ajoute une visualisation. Donc, par exemple, vous vous inquiétez pour votre enfant qui part en excursion quelque part. Vous pouvez magnétiser une énergie protectrice dans un bijou qu'il porte souvent.

Si vous avez plutôt développé un don de voyance, vous pourriez voir des choses importantes concernant une personne. Il ne faut pas lui dire ce que vous avez vu clairement, à moins que vous sachiez qu'elle croit aux dons. Vous pouvez lui annoncer cela simplement, comme si vous aviez eu une sorte d'intuition, une idée qui vous est passée par la tête et que vous avez envie de partager. Vous pouvez aussi faire une suggestion, émettre une opinion personnelle sur la chose. Cela sera accueilli comme un avis d'ami.

Si vous avez développé le contact avec vos guides, il serait bien d'apprendre à les connaître et de commencer à comprendre leur façon de fonctionner. Normalement, ils vous ressembleront, mais ils peuvent aussi agir et réagir différemment, s'ils croient que la situation s'y prête. Lorsque la communication sera bonne, ils vous aideront à faire de meilleurs choix dans votre vie, autant pour vous que pour des personnes chères.

Si votre don de guérison est apparu, peut-être aurez-vous envie d'apprendre une technique de maîtrise des énergies comme le Reiki pour vous en servir de façon plus précise. Il vous sera possible alors de soigner de simple maux de tête, ou encore d'aller plus loin et de soigner des maladies plus complexes. Pour les maladies grave par exemple, vous pouvez aller consulter votre médecin, obtenir un diagnostic et une prescription. Puis, tout en suivant le traitement, vous pouvez augmenter la puissance de guérison de votre traitement grâce au magnétisme ou à la technique de votre choix. Vous obtenez ainsi le meilleur des deux mondes.

Si le don d'empathie peut sembler étrange pour certains, je crois qu'il reste utile pour tous. Qui que l'on soit, le fait de pouvoir ressentir les émotions des autres ne fait pas que nous lier à eux. Cela nous permet aussi de mieux les comprendre. Lorsque l'empathie est utilisée de la bonne façon, c'est-à-dire avec une observation objective, elle nous permet d'en apprendre énormément sur les gens autour de nous. Elle nous permet aussi de nous libérer de colères et tensions qui n'auraient pas eu lieu d'être. C'est souvent l'incompréhension qui crée les querelles entre les gens. Une simple donnée sur ce que l'autre ressent peut venir briser cela.

Vous le verrez, à travers vos réflexions, à travers vos exercices et tentatives, les dons ont plusieurs utilités. Tout dépend surtout de la situation et des gens visées. Les usages sont très variés et peuvent facilement s'adapter. Il ne vous reste donc qu'à faire un peu d'exploration pour avoir plus d'idées.

Jour 90 : Rélexions et plan d'action

L'exercice de cette semaine sera très simple. Repassez les pages de cette semaine et écrivez vos réflexions à ce sujet sur la page suivante de votre journal de bord. Dans l'ordre, il faudra commencer par vos idées sur l'utilisation de vos dons pour vous. Ce que vous pouvez faire pour améliorer votre vie, mais à un niveau très personnel en n'incluant personne d'autre. Ensuite, vous pourrez passer aux autres. Comment vous pourriez donner un coup de pouce à notre société qui en a tellement besoin et à ses gens qui ne savent plus quoi faire pour s'en sortir.

À tout cela, il faudra ajouter une touche de positif. Premièrement, en évaluant si vos dons seront utilisés pour le bien. Soit en respectant le libre arbitre. Ensuite, s'ils ne vont pas à l'encontre de quoi que ce soit, ni en attirant quelque chose de trop spécifique. Ce qui pourrait interrompre le « courant » de votre vie.

Puis, il est possible que vous aimiez tenter des choses avec vos dons, mais que vous hésitiez. Toute tentative est intéressante en soi, tant qu'elle n'est pas dangereuse. Qu'elle aboutisse à une réussite ou à un échec, elle nous apporte des connaissances de plus et des atouts que nous pourrons utiliser plus tard.

Prenez le temps d'établir cette liste, même toute la fin de semaine, si vous en ressentez le besoin. Elle est importante, elle sera votre véritable plan d'action pour l'avenir.

Semaine 19 : Comment bloquer ses dons

Jour 91 : Sensations étranges, mais normales

Cette semaine nous verrons des techniques de blocage des dons. Nous avons vu comment les ouvrir, comment les travailler et les utiliser, mais il est possible que certains ne se sentent pas à l'aise avec ces découvertes.

Premièrement, il est possible que vous ayez ressenti des sensations étranges, peut-être même désagréables, ce qui est plutôt rare lorsque nous utilisons des techniques positives, comme celles que nous avons mises de l'avant. Toutefois, cela reste possible.

Quoi qu'il en soit, il ne faut pas confondre une réaction normale avec un effet nocif. Par exemple, une amie me racontait que son cœur battait très fort lorsqu'elle faisait l'exercice avec l'eau. C'est normal, car on ressent son cœur battre plus fort lorsqu'on entre dans une méditation profonde. Par la suite, elle a ressenti cet état à nouveau, alors qu'elle était devant l'ordinateur. Cette sensation de cœur qui bat plus fort montre simplement qu'elle a atteint un niveau de conscience nouveau et qu'il se manifeste encore.

Posez-vous la question suivante : vous êtes vous senti mal lorsque cette sensation était présente ? Si ce n'est pas le cas, il n'y a pas de quoi s'inquiéter. Vous pouvez avoir des sensations fortes, ou même très douces ; tant que vous vous sentez à l'aise, c'est que vous êtes sur la bonne voie.

Il est normal d'être un peu inquiet au début, ce sont de nouvelles sensations et nous venons de nous éveiller à elles. Laissez les choses se faire et ne vous posez pas de questions, c'est la meilleure façon d'accueillir ces changements dans votre vie.

Il est possible toutefois que vous souhaitiez bloquer vos dons parce que vous vous rendez compte maintenant que vous n'étiez pas prêt à les ouvrir. Il peut y avoir des tonnes de raisons pour cela. Votre mental est trop encombré par des pensées négatives, vous devez vous libérer de quelqu'un avant, il vous faut un meilleur ancrage dans votre vie quotidienne, etc.

Il est possible aussi que vous soyez allé trop vite, soit par curiosité, soit parce que vous n'avez pas respecté votre rythme personnel. Parfois, l'ambition, ou encore l'égo, nous pousse à en faire plus et toujours en moins de temps. Cette façon de vivre que nous avons presque tous adoptée ne correspond pas à une quête ésotérique. Il faut prendre le temps d'essayer, de tester vos dons, de les comprendre et de les apprécier.

Aller trop vite nous fait aussi manquer tous les détails importants qui nous permettent de bien cheminer. Nous pouvons passer sur une route sans vraiment la regarder, sans voir toutes les belles choses qui la parsemaient, parce que nous étions trop fixés sur notre but. Ce sont toutes d'excellentes raisons de ralentir le pas, ou encore de bloquer des facultés qui semblent encore trop difficiles à maîtriser.

Jour 92 : Techniques simples

Pour découvrir nos dons, nous avons utilisé des méthodes simples, qui touchaient toutes à la nature. Ce ne sont pas des techniques complexes, ni qui nécessitent des connaissances ésotériques poussées. Il est tout aussi simple de bloquer ses dons ou encore de les atténuer pour un temps.

La première astuce, très simple, et que la plupart d'entre nous utilisent sans même le savoir, est le divertissement télévisuel. La télévision est un excellent hypnotiseur, elle captive notre attention et nous absorbe complètement. C'est alors qu'on ne voit plus les heures défiler, que le temps nous échappe, et nous aussi. Lorsque nous passons des heures à regarder la vie des autres, nous ne pensons plus à la nôtre.

Cela dit, tout média sera excellent pour vous détacher de vous, donc de vos dons. Les journaux, la radio, Internet, toutes ces choses qui vous envoient beaucoup trop de signaux à décoder en même temps. Qui ne vous permettent plus de ressentir, ni de comprendre cet amas gigantesque d'informations.

Les dons sont une sorte de sixième sens, qui se développe normalement après que tous les autres l'ont été. Si on surcharge ses sens, il est normal qu'on ne puisse ressentir quoi que ce soit. On vient donc bloquer la base pour éviter que les sens secondaires puissent réagir.

Une autre méthode très simple est celle de ne plus se poser de questions. Par exemple, de ne plus se demander ce qui est bon ou mal, ou ce qui pourrait arriver dans telle situation. De ne plus se questionner avant de faire quelque chose. Nous pouvons tout de même penser aux conséquences de nos actes, mais seulement aux conséquences directes, et non pas celles qui existent à long terme et de façon plus philosophique.

Une méthode encore plus simple est de ne plus penser à l'ésotérisme, peu importe sa forme. D'éviter tout sujet de conversation conduisant vers ces notions. On pourra tout de même avoir une spiritualité, par exemple, à travers la religion, peu importe laquelle. Mais il ne faudra plus aller vers des directions plus « divines » de ladite religion. On en restera donc aux notions et règles que les humains auront eux-mêmes notées sur ces croyances, sans tenter de comprendre ce que les divinités voulaient nous dire.

Plus on s'éloigne de quelque chose, plus on perd le contact. Les dons étant une partie intégrante de l'énergie qui nous entoure et de nos capacités, si nous nous en coupons et que nous nous éloignons, il devient difficile de les utiliser.

Vous n'aurez donc qu'à revenir à tout ce qui est concret, très terre à terre, à tout ce qui faisait normalement partie de votre vie. Il est très facile de revenir à son ancienne routine, cela ne nécessitera pas un grand effort. Car, au contraire, l'humain lutte naturellement contre le changement et non contre ce qui est établi depuis longtemps. Si vous avez décidé de retourner à votre ancienne vie, vous le pourrez, et ce, très facilement.

Jour 93 : Étapes préliminaires

Vous vous dites peut-être que les informations de cette semaine entrent en contradiction avec celles vues au début de ce livre. Nous y avons vu que l'humanité en était arrivée au stade de son évolution où elle doit avancer et faire évoluer sa spiritualité. C'est toujours vrai.

Mais vous devez peut-être franchir certaines étapes ou comprendre certaines choses avant d'en arriver là. Ce n'est pas un mal non plus. Car à travers les épreuves que la vie apporte, nous évoluons aussi. Différemment, mais cela nous permet de développer des forces aussi grandes.

Il vous faut peut-être prendre le temps de faire un grand ménage, de faire le tri dans vos affaires, d'enlever ce qui est désuet. Ce qui concerne autant les objets, les gens que les projets. On peut aussi avoir besoin de se débarrasser de fausses idées, d'illusions créées et justifiées avec les années. Cela est un long travail et il est aussi ardu.

Vous aurez probablement besoin de courage et de persévérance pour arriver à « nettoyer » votre vie et à vous préparer à la nouvelle. Cela peut prendre quelques jours, comme quelques mois, ou encore quelques années. Un pas à la fois, petit à petit, c'est ainsi qu'on parcourt de grands et longs chemins. Il n'est pas nécessaire d'avancer rapidement, seulement de faire un pas. Les autres viennent ensuite.

Il est possible aussi que vous ayez besoin de travailler vos autres dons avant, soit vos talents. L'aptitude à faire plus, dans tout domaine, est un don en soi. Nous ne pouvons exceller dans tout, mais il y a toujours un domaine où nous sommes meilleur.

Certaines personnes réussissent à nous émerveiller grâce à ce qu'elles font. On pensera plus facilement à des artistes qui nous ensorcellent et nous libèrent de nos tensions intérieures, simplement grâce au spectacle qu'ils nous offrent. Mais il y en a d'autres aussi, dans le domaine de la médecine par exemple, qui soignent des gens par centaines chaque semaine. Eux aussi sont des « super héros » de notre société.

Il y a aussi ces gens plus « ordinaires » qui, l'espace d'un instant, nous offrent leur plus magnifique sourire au moment où nos pensées allaient sombrer. Ceux qui nous tiennent la porte quand on a les bras pleins de paquets. Ces gens qui savent ajouter une touche de générosité et d'espoir à nos journées, qui sont parfois longues et ennuyantes. Ces gens sont aussi capables de faire des miracles, même si souvent ils ne comprennent pas l'impact qu'ils ont pu avoir sur notre vie grâce à un simple geste.

Peu importe que vous choisissiez d'entraîner vos dons ou de les refermer pour les utiliser plus tard, vous avez quand même la capacité de changer les choses en vous et autour de vous. Cela est un don qui appartient à tous et chacun, mais qu'on oublie trop souvent.

Jour 94 : Acceptation

Le retour à un « soi simple » n'est pas seulement le choix pour quelqu'un qui ne se sent pas prêt. On peut aussi vouloir retourner à un état plus normal pour prendre le temps de faire le point. Il arrive parfois des moments où il ne nous est plus possible de faire des remises en question. Nous sommes trop impliqués pour y voir clair.

Comme on dit, on n'arrive plus à voir devant soi car « l'arbre nous cache la forêt ». Nous avons tous les signaux devant les yeux, mais nous n'y voyons plus clair. Il est peut-être temps de faire une pause, de nous détacher de nos dons pendant quelques jours ou quelques semaines. Histoire de revenir à une vision plus terre à terre et de retrouver nos repères.

Il est possible aussi que vous rencontriez des gens qui sont dans le domaine. Cela est excellent, car partager fait du bien, et permet aussi d'avoir des points de vue différents sur des sujets qui nous sont trop familiers. Ces conversations nous font explorer des chemins que nous n'aurions probablement pas parcourus seuls. C'est très enrichissant.

Par contre, certains sont enlisés dans leur conviction, à un tel point qu'ils peuvent vous faire douter, doucement, de ce que vous croyez juste pour vous. Si vous croyez avoir perdu de vue votre route, prenez le temps de vous arrêter, de faire le point, de reconstruire votre casse-tête pour enfin voir tous les morceaux ensemble.

Comme nous l'avons vu, il est simple de s'éloigner de ses dons. Il suffit de se concentrer sur l'essentiel, sur les bases de la vie. Vous pourriez en profiter pour vous concentrer sur les projets qui vous tenaient à cœur, mais que vous avez laissés de côté. Par exemple, un voyage, des sorties entre amis de longue date, ou encore de nouvelles rencontres. Les options sont multiples et vous aurez beaucoup de plaisir à organiser tout ça et à vivre ces expériences.

Si vous êtes encore incertain à propos de l'utilité de vos dons, faites une pause après avoir tenté les exercices. Cela vous permettra de voir où vous en êtes, de mieux comprendre ces nouvelles capacités et de tracer un chemin pour elles. Pour la plupart, il s'agira le plus souvent de ralentir le rythme et non de tout bloquer. Nous voulons souvent aller trop vite lorsque nous venons de découvrir quelque chose de nouveau, surtout lorsque c'est passionnant. Nous devenons comme des enfants qui ont hâte à Noël, nous nous impatientons devant les résultats et attendons que l'impossible se produise.

Il suffit alors de ralentir le pas, puis de repartir sur un rythme différent, qui nous convient mieux. Parfois, il faut aussi prendre le temps d'analyser ce que nous avons fait et les résultats obtenus. Nous pouvons croire que nous devons arrêter, mais probablement que nos résultats étaient tout à fait normaux, malgré notre impression d'étrangeté. Prenez donc le temps de bien réfléchir à ce que vous désirer faire et faites-vous confiance.

Jour 95 : Analyser le besoin

Pour conclure cette semaine, l'exercice ne sera pas obligatoire, mais optionnel. Voyez si vous ressentez le besoin de bloquer vos dons ou si au contraire vous êtes très heureux de ces découvertes et désirez aller plus loin encore.

J'ai jugé nécessaire d'expliquer la façon de revenir à un soi normal puisqu'aucun n'aura les mêmes réactions. Il est facile d'expliquer comment faire le ménage, comment s'ancrer et comment se protéger. Mais lorsque vient le temps de passer aux actes, cela devient plus imprévisible. Pour la plupart, les choses se passeront bien. Mais si certains croyaient, par erreur, avoir fait un bon ménage, les résidus pourraient déranger au moment de la mise en pratique.

Faire une courte pause de temps à autre, selon le besoin, est une bonne chose aussi. Je vous invite donc à noter dans votre journal de bord si vous désirez utiliser les notions de cette semaine, ou encore quelles notions seraient utiles dans l'avenir si le besoin s'en faisait sentir.

Nous avons dressé des plans concernant nos dons dès le début, nous pouvons donc dresser un plan pour en garder la maîtrise aussi. Cela n'implique pas que vous vous en servirez obligatoirement. Certaines personnes cheminent très bien sans avoir à s'arrêter. Chacun est différent et ce livre est pour tous.

Récapitulons

Il importe de dresser un plan d'action et d'avoir des buts. Cela vous aide à garder le cap et canalise aussi votre volonté vers un but. Il faut toujours avancer sur une ligne bien droite pour éviter de s'égarer, mais en observant tout à la fois autour de nous pour apprendre des autres et découvrir de nouvelles routes. Garder l'équilibre sera un défi des plus intéressants, vous le verrez.

Notons aussi que plus vous ferez les exercices et plus vous utiliserez vos dons, plus ils prendront de la force. C'est exactement comme dans n'importe quel domaine : si nous nous entraînons au gym toutes les semaines, notre corps devient de plus en plus robuste et endurant. Mais il suffit de laisser passer quelques mois pour se rendre compte qu'il n'est plus aussi fort qu'avant. Par bonheur, notre forme physique revient beaucoup plus rapidement quand on a des années d'entraînement derrière soi. Pour vos dons, tentez donc de garder un certain rythme, par exemple en vous entraînant une fois semaine. Puis, ajoutez des séances supplémentaires selon votre inspiration ou selon les occasions qui se présentent.

Agir pour le bien canalise les énergies positives et les multiplie. Chaque action faite avec une bonne intention agira directement sur ce que vous vivez et même sur vous. Si vous dégagez de bonnes énergies, vous en attirez en même temps, vous deviendrez un aimant. Pensez donc toujours à cela avant d'agir et écoutez votre conscience, elle sait tout ! Mais attention, toute action faite pour le bien avec une intention de recevoir du bien en retour n'est pas sincère. Ce que vous faites doit être purement généreux et altruiste pour naviguer parmi les énergies positives. Le mal aussi est décuplé lorsqu'il est utilisé en ésotérisme et personne ne souhaite que sa vie spirituelle soit un désastre, on en a souvent bien assez avec les obstacles de la vie courante. Soyez donc sage et travaillez pour le bien commun, notre monde en a bien besoin.

Surtout, peu importe ce que vous faites, allez-y en douceur. Prenez votre temps et respectez votre rythme. Persévérez et soyez patient. Partagez aussi avec les autres, ils peuvent être une nouvelle source d'inspiration. Certains dons apporteront peut-être des changements dans votre vie, il faut suivre le courant et ne pas lutter afin de les vivre le mieux possible. Alors ayez confiance en ce que vous faites, entraînez votre esprit quotidiennement à se concentrer sur ce qui est bon, laissez vos dons éclore et vous montrer la voie sur la route de l'évolution.

Cinquième partie

Conclusion

Semaine 20 : Conclusion

Jour 96 : Prendre son temps

Pour cette dernière semaine, nous verrons quelques conseils supplémentaires. Il est possible que vous n'ayez pas découvert tous vos dons en faisant les exercices quotidiennement. Avouons que 101 jours pour découvrir toutes ses capacités, c'est très court. Nous pouvons facilement prendre des mois, voire des années pour découvrir un seul de nos dons.

Il est possible que l'exercice de l'eau, par exemple, doive être répété plus d'une fois. Même une fois par jour pendant une semaine. Et pourquoi pas tous les jours pendant un mois ? Le nombre ne veut rien dire, c'est le contact que vous réussissez à créer avec les éléments et les exercices pratiques qui vous conduisent vers la réussite.

Il faut donc beaucoup de persévérance et de patience pour maîtriser tout ce qui a été énoncé dans ce livre. Ne vous surprenez pas si les résultats tardent à venir, mais soyez prêt en tout temps à ce que les choses bougent. Les progrès sont parfois long parce qu'il s'agit tout simplement de nouveautés et que l'humain éprouve de la difficulté à s'adapter au changement. Il faudra peut-être un temps d'adaptation plus ou moins long avant d'absorber les notions et de pouvoir les mettre en pratique efficacement.

Il se peut aussi que vous luttiez contre vous-même. Votre conscient veut ouvrir vos dons, mais votre inconscient, lui, a peur de la réussite, car il a été éduqué dans une religion qui dit que ce genre de choses est mauvais. Il se peut que le négatif en vous ne souhaite pas vous voir changer pour le mieux. Vous savez, ces petites voix intérieures de découragement ? « Tu n'y arriveras pas, ça ne te sert à rien de faire tout ça, voit comme tu as l'air ridicule. » Ce sont des petits démons intérieurs qui ont l'air bien innocents, mais qui sont extrêmement ravageurs. Ils sont capables de tout vous faire rater.

Le combat peut aussi venir de l'extérieur, il faudra alors tenter de régler ce conflit. Ce qui peut prendre beaucoup de temps aussi. Les changements les plus positifs sont souvent les plus longs. Il faut que des choses se mettent en place, que des gens arrivent sur votre route au bon moment et cela ne se fait pas du jour au lendemain.

Prenez donc vraiment votre temps, allez-y à votre rythme. Prenez le temps de vous écouter et suivez vos envies. Si vous ressentez que « quelque chose » ne veut pas que vous ouvriez vos dons, tentez de trouver pourquoi. Est-ce une peur personnelle ou encore y a-t-il quelque chose à régler dans votre environnement avant de vous ouvrir ? Peut-être vous faut-il devenir plus fort avant d'aller plus loin.

Refaites les exercices le nombre de fois nécessaire, relisez les pages qui vous semblent les plus intéressantes et prenez des notes sur ce que vous faites. Il est important de vous écouter et de faire les choses à votre façon. Je vous ai proposé une méthode, maintenant à vous de trouver la vôtre.

Jour 97 : Rester à l'écoute

Le second conseil est de rester à l'écoute. C'est une phrase toute simple, mais qui veut dire beaucoup et qui touche à plusieurs domaines. Lorsque vous aurez commencé à ouvrir vos dons, il vous faudra rester à l'écoute des signes autour de vous. Plus vous serez ouvert, plus vous vous rendrez compte que les choses ne se passent pas ainsi sans raison. Vous verrez qu'il n'y a pas de coïncidences et que souvent des chaînes d'événements existent. Elles sont celles qui vous amènent du point A au point B, jusqu'à ce que vous ayez atteint la destination finale.

Ces signes sont aussi bons et valables que les messages que vous pourriez recevoir de vos guides ; ils sont aussi bons que tout ce que vous pourrez voir grâce à votre don de voyance. Lorsque vous serez éveillé à eux, vous en verrez de plus en plus. Tellement que vous croirez qu'ils se multiplient. Mais non, ils étaient tous là, vous avez simplement appris à les voir.

Il faudra aussi être à l'écoute de soi et de ses dons. Il est important de rester à l'écoute de ses intuitions, car elles nous guident souvent au bon endroit. C'est tout à fait vrai. Il se cache aussi des messages et des leçons dans les exercices que vous ferez pour ouvrir vos dons ou pour vous en servir. À cela aussi, il faut rester ouvert.

Vous aurez sûrement des pensées, des réflexions profondes à la suite de vos essais pratiques. Prenez le temps de les accueillir et même de noter ce à quoi vous avez pensé. Prenez le temps de vous entendre et de vous écouter. De quoi avez-vous envie ? Que ressentez-vous ? Ne laissez rien passer, ajoutez toutes ces pensées et sensations aux résultats de vos expériences. Faites-en bon usage.

Nous pouvons ensuite rester ouverts aux autres, tout simplement. Les gens qui sont autour de nous ne sont pas que de simples inconnus ou des amis qui sont là pour se divertir avec nous. Non. Ce sont parfois les messagers de forces positives extérieures. Lorsque nous avons besoin d'un conseil, il arrive parfois qu'une personne nous fasse une réflexion. Hors de contexte, cette même personne n'aurait jamais parlé, ni même pu penser à cela, car normalement, ce n'est pas « son genre ». Et pourtant ! Elle l'a bien dit.

De simples inconnus peuvent parfois jouer ce rôle. Lors d'une soirée, une personne prononce une parole qui allume quelque chose chez vous et fait résonner une corde sensible. Ou encore qui ouvre la route vers quelque chose de tout à fait nouveau. Puis, cette même personne repart de son côté et vous ne la reverrez plus jamais. Elle a fait son travail. Il faut donc respecter cela et rester à l'écoute de ces messages.

Bien sûr, si vous avez tenté de développer vos dons, que la tentative a réussi, mais que vous ne savez pas vraiment quoi en faire, vous pourriez commencer par développer votre intuition, ou encore le contact avec vos guides.

Jour 98 : Prendre des notes

Vous avez déjà commencé à mettre en pratique ce troisième conseil dès le début de la lecture de ce livre. Chaque vendredi, vous avez pris le temps de noter vos réflexions, d'écrire des choix et des chemins que vous souhaitiez prendre, puis d'inscrire vos résultats.

Vous avez dressé une sorte de carnet de route, une sorte de journal intime de vos dons. Il est très important de tenir un tel carnet. Il est très facile de se laisser impressionner par les résultats obtenus. On se dit ensuite : « J'ai dû rêver. » Non, car c'est bel et bien noté dans le journal de bord. Vous avez bien vécu cette expérience, et même de cette façon. Vous pouvez relire cette expérience dans les détails et vous souvenir clairement du moment.

Vous pouvez même prendre conscience de tout ce que vous avez réussi à faire. Il est facile de placer ces expériences au creux de notre mémoire, nous avons tant d'autres choses à penser. L'ésotérisme ne se partage pas facilement non plus, notre esprit conserve donc plus de place pour tout le reste.

Ces notes vous permettent aussi d'analyser vos essais. Vous pouvez voir si votre don de voyance est plus fort le matin ou le soir, concernant un type de personnes en particulier, ou avec un support précis. Vous pouvez voir facilement là où vous avez fait des erreurs, pour ainsi ne pas les répéter.

Elles vous permettent de comparer les essais que vous aurez faits, le contexte, les outils, mais aussi les personnes. Nous l'avons vu, chacun réagit différemment, il est possible que vous n'ayez aucun résultat, tant que vous n'avez pas trouvé une personne assez sensible aux courants d'énergie.

Il est plus facile d'établir des liens entre des situations. Autant entre vos essais qu'entre des événements qui se sont produits ensuite. Vous aurez une vue d'ensemble sur les choses beaucoup plus facilement en relisant vos notes. Il est aussi très plaisant d'ouvrir son carnet de route pour constater qu'on a très bien réussi dans un domaine ou un autre. Chaque réussite flatte, mais encore plus, elle donne plus de confiance en ce que nous faisons. Il importe de gagner cette confiance car elle accroît notre mental, donc nos capacités psychiques.

Le plus intéressant encore est de prendre des notes à la suite des intuitions que nous avons eues. Je l'ai répété souvent, il est important de suivre ses intuitions, d'y aller comme on le sent et d'être à l'aise avec ce que l'on fait. Il est donc possible que vous ayez eu envie de tenter les choses différemment.

Il est intéressant de noter toutes les variantes apportées aux exercices. Il vous sera plus facile de les reproduire ensuite. Ces intuitions fortes passent et repartent souvent très vite. Si vous prenez l'habitude de les attraper sur papier, vous aurez le meilleur des journaux du monde, c'est-à-dire « le vôtre ».

Jour 99 : Garder l'esprit ouvert et toujours avancer

Pour conclure, il reste encore un dernier exercice à faire, que vous pourrez tenter dès demain. Lors de l'acquisition de ce livre, vous étiez probablement curieux, vous aviez envie de savoir quels étaient vos dons. Vous réalisez maintenant en quoi consistent les vôtres et ce que vous pouvez en faire. Découvrir ses dons demande du temps et de la volonté, mais surtout une bonne dose de passion et un goût pour l'évolution.

Vous en savez plus aussi sur les capacités naturelles de l'humain. Vous avez acquis de nouvelles connaissances et avez une bonne idée de la façon de vous en servir. Sinon, vous construirez vos idées très bientôt ou encore avec le temps.

Sans nul doute, nous sommes tous rendus à cette étape de notre évolution spirituelle et le fait que vous ayez ce livre entre les mains n'est pas une coïncidence. Que vous vous sentiez prêt à aller plus loin ou non est sans importance. Vous avez fait le premier pas, les seconds viendront d'eux-mêmes. Ce sont toujours les premiers gestes qui sont les plus difficiles à faire.

Avec le temps, on y prend goût, on a envie de faire un pas de plus. Puis, lorsqu'on voit tous les bénéfices que cela peut nous apporter, on a envie d'aller plus vite, puis de courir. C'est ce que je vous souhaite à tous, d'ailleurs.

Sinon, restez toujours ouvert à tout ce qui est bon dans votre vie, que ce soit une grande nouvelle ou simplement un petit bonheur bien simple et minuscule. Tout ce qui est bien doit avoir une place dans votre quotidien. Apprenez à ouvrir les bras à ces choses et gardez les yeux ouverts pour les voir en tout temps.

Gardez aussi l'esprit ouvert, sans vous perdre dans les méandres des illusions. Vous savez qu'il y a plus que ce que la société souhaite présenter à notre regard ; vous savez que vous pouvez faire plus. Alors gardez l'esprit ouvert, positivement, sans rébellion contre ce qui existe autour de vous.

Entraînez-vous à ne pas juger les gens, ni à user de critiques chaque fois que vous posez votre regard sur une personne ou une chose. Entraînez-vous à accepter ce qui se présente, simplement, sans images préconçues, sans attentes, comme un enfant qui porte un regard neuf sur la vie. Nous avons parlé de ce cœur d'enfant, car il est très important. Cultivez-le et prenez-en grand soin.

Surtout, sachez que vous avez tout en main pour changer pour le mieux, pour améliorer votre vie et celle des autres. Vous êtes seul capable de véritablement vous aider et, cette fois, on vous a donné un coup de pouce. Vous pouvez devenir votre propre héros, votre propre sauveur.

Avec tous ces nouveaux horizons découverts, avec tous ces outils en main, il ne vous reste plus qu'à choisir la route à emprunter. Ayez confiance en vous et en la vie, elle n'attend que vous.

Jour 100 : Compte rendu depuis le début du cheminement

L'exercice de cette semaine sera très simple. Nous approchons de la conclusion de cette découverte des dons. Il est maintenant temps de faire une rétrospective et de voir tout le chemin parcouru depuis le début.

Relisez toutes vos notes, puis rédigez un compte rendu. Voyez d'abord le chemin parcouru entre le premier jour d'exercices et le moment présent. Pensez à toutes les réflexions qui ont traversé votre esprit, en seulement 101 jours.

Voyez que chaque geste que vous avez fait vous a apporté quelque chose, que ce soit la découverte d'un don, ou encore d'une émotion enfouie ou d'une envie cachée. Ou encore la découverte d'un soi plus fort ou d'un être qui a envie de sortir de son cocon. Lorsque vous aurez terminé cette lecture et que vous aurez fait cette rétrospective, je vous invite à noter dans votre journal de bord votre plan futur.

Il est encore possible de corriger la trajectoire si vous n'avez pas suivi le chemin souhaité au départ. Écrivez ce dont vous avez envie et imposez-vous des échéanciers pour faire ces essais ou réflexions. Il est très facile de mettre des choses de côté, mais avec des écrits et des dates précises, vous ne passerez pas à côté. Avec le temps, vous délaisserez sûrement vos notes, vous n'en aurez alors plus besoin, votre évolution se fera alors naturellement.

Vous saurez dresser un plan qui vous ressemble et qui vous fera progresser à plusieurs niveaux, même à des niveaux que vous n'avez pas encore imaginés. Je vous fais confiance.

Jour 101 : Partagez

Tout au long de ce livre, je vous ai suggéré des exercices et je vous ai relaté des expériences personnelles. Or, vous ne pouvez vivre la même chose que moi, ou même que mes amis, car nous sommes tous différents. Oui, nous pouvons tous partir du point A (sans dons) au point B (la télépathie, par exemple), mais entre les deux, les chemins sont multiples ! Si on peut dire, aucun B ne sera parfaitement identique à celui d'un autre non plus, car chacun verra un angle différent du sujet et développera sa vision personnelle du don en question.

Je vous invite donc, pour conclure votre lecture en beauté, à partager vos acquis avec une personne en qui vous avez confiance ou encore à vous entraîner avec elle. Vous pourrez ainsi voir les différences entre ce que vous avez ressenti et ce que l'autre personne a vécu. Que cette personne ait déjà des dons ou non n'importe pas. Le partage est l'élément majeur.

En télépathie, le symbole de l'étoile dans les cartes de Zener peut être vu comme un pentacle ou comme une étoile de Noël. Une personne pourrait vous la décrire comme un ciel étoilé la nuit, tandis qu'une autre aura une émotion qui est en lien avec la symbolique de l'étoile. Il est important de comprendre cela pour mieux cheminer. Vous saurez que l'expérience d'une personne vous apporte un enseignement très relatif et vous pourrez en tirer le meilleur, au lieu d'interpréter le tout littéralement.

Je vous souhaite de faire de merveilleuses découvertes à deux, ou encore à plusieurs !

Et si vous désirez explorer de nouvelles routes ésotériques, je vous invite à venir visiter mon site où je posterai les dernières mises à jour et publications : www.catherinesolaris.com

Au plaisir de se retrouver.

Suggestions de lectures

Moi qui ne lis que très peu, pendant l'écriture de ce livre je suis tombée sur deux titres très intéressants et j'aimerais vous les faire partager.

Si vous désirez vous retrouver, non seulement retrouver votre enfant intérieur mais aussi votre vrai « moi », je vous suggère *La grande mascarade*. Il vous aidera à retrouver votre personnalité initiale, celle que vous perdez en vieillissant. Ce livre n'est pas un livre de psychologie commun, il a la forme d'un roman. L'histoire nous passionne tout en nous faisant réfléchir sur des aspects de notre vie. Il n'y a pas de façon plus agréable de se retrouver.

Si vous désirez plutôt aller vers les voies scientifiques de l'ésotérisme, je vous suggère les ouvrages de Masaru Emoto qui parlent de la programmation de l'eau et de sa réaction aux mots et émotions que nous exprimons. On y découvre que l'eau réagit à des mots tels que « laid » ou « beau » et qu'elle change de forme selon la vibration dégagée par ce mot. On peut en voir les images et c'est très révélateur. On comprend aussi merveilleusement bien ensuite pourquoi il faut utiliser des mots positifs, autant envers les autres, qu'envers soi, sachant que notre corps est composé à environ 70 % d'eau et que nos mots la codifient. C'est très intéressant car les explications scientifiques viennent à l'appui des notions ésotériques.

Lexique

Chakra : Mot provenant du sanscrit et signifiant roue ou vortex. Les chakras sont des centres d'énergie placés sur le corps. En général, les connaisseurs parlent de sept chakras principaux, mais en réalité il en existe des centaines. Ces roues d'énergie réagissent à la façon dont l'énergie circule dans notre corps. Ainsi, si les chakras sont tous bien équilibrés, notre corps et notre mental le sont eux aussi.

Radiesthésie : Réceptivité particulière qui permet de ressentir et d'analyser les ondes qui nous entourent. Cela peut nous permettre de trouver des sources d'eau, de retrouver un objet perdu ou de diagnostiquer une maladie. Elle était pratiquée grâce à des baguettes de sourciers dès l'an 1556. Son dérivé moderne et accessible est le pendule.

Ouija : Vendu en tant que jeu de société, il s'agit d'une planche comprenant des lettres et des chiffres qui nous permet de communiquer avec les esprits et autres entités. Considéré comme un outil dangereux, il attire généralement les esprits errants et mal intentionnés. On peut toutefois l'utiliser correctement lorsqu'on possède les connaissances requises.

Runes : Symboles anciens utilisés comme outils de divination. Ils permettent de prédire l'avenir, mais servent aussi de talismans et savent attirer les énergies positives demandées.

Spiritualité : Selon le dictionnaire du Centre national de ressources textuelles et lexicales : « Qualité de ce qui est esprit ou âme, concerne sa vie, ses manifestations ou qui est du domaine des valeurs morales. » Ou : « Vie de l'esprit ; qualité d'une personne attachée aux choses de l'esprit, de l'âme, aux valeurs morales et religieuses. » La spiritualité fait donc référence aux croyances diverses et à l'enrichissement de l'esprit et de l'âme.

Ésotérisme : Le mot ésotérisme représente les connaissances qui doivent être réservées à des initiés uniquement. Tandis que le mot exotérisme désigne les connaissances pouvant être enseignées au peuple. Toutefois, de nos jours et dans le domaine des sciences occultes, ce mot représente l'ensemble des techniques occultes, que l'on parle de divination, de pouvoirs psychiques, de magie ou de toutes autres notions rappelant de près ou de loin le paranormal et les phénomènes inexplicables. Notions qui sont de nos jours enseignées à qui veut bien les apprendre.

Aura : L'aura est une sorte d'énergie vitale qui entoure notre corps, de la tête aux pieds. Elle inclurait aussi nos corps subtils, par exemple les corps mental, émotionnel, éthérique, etc. Selon sa couleur et sa texture, l'aura nous parle de la santé de la personne ou encore de son humeur présente. Elle change donc en permanence.

Guide : On parle de guide lorsqu'on souhaite désigner une entité bénéfique qui est là pour nous aider. Il peut alors s'agir d'un ange, d'une personne décédée qui veille sur nous ou de toute autre entité bénéfique. Le terme guide désigne autant le rôle de cette entité que son identité propre si elle n'a pas encore été découverte.

Prana : Le souffle du prana nous vient de l'Inde. En fait, le mot prana provient du sanscrit et signifie énergie vitale. On traduit parfois le mot par « souffle vital », ce qui condense alors le mot souffle et prana dans une même définition.

Synchronicité : Ce mot revient de plus en plus souvent dans les écrits ésotériques modernes. Il nous parle des « coïncidences nécessaires », de tous ces moments qui semblent hors du commun. Deux personnes, d'un bout à l'autre du monde, font des choix et se retrouvent dans une même ville, à l'autre bout de la planète. Elles partagent des informations ou s'entraident sur un projet, puis repartent chacune de leur côté. Ce sont des moments qui nous semblent souvent sortis tout droit d'un film, des coïncidences si parlantes qu'on ne peut les ignorer. Lorsqu'on tente de calculer mathématiquement les chances que cet événement ou cette rencontre puisse se produire, souvent les statistiques sont très faibles.

Dans la même collection

En librairie

101 jours pour apprendre le pendule

À paraître

101 jours pour développer votre don de voyance

101 jours pour apprendre la magie des runes

100 %

Cascades

BIO GAZ
ÉNERGIE

Imprimé sur du papier 100 % recyclé